SHODENSHA
SHINSHO

神社が語る　関東の古代氏族

関　裕二

JN231130

祥伝社新書

はじめに

もしあなたが、「関東の古代史巡《めぐ》りをしてみたい」と自慢気に友人に告げれば、「さすが、茶人《さじん》（物好きなお方）ですなあ」と、からかわれるのがオチだろう。

古代史は近畿から西で展開されたと信じられているからだ。徳川家康が開発するまで、関東は開発の遅れた土地というイメージも焼き付けられている。

けれども、関東の歴史を無視することはできない。たとえば、江戸城が造られる遥《はる》か以前から、品川《しながわ》が水運の拠点として栄え、しかも紀伊《きい》半島の熊野《くまの》とつながっていたこと、観光客で賑《にぎ》わう浅草寺《せんそうじ》（東京都台東《たいとう》区）が聖徳太子《しょうとくたいし》の活躍した飛鳥時代に創建されたことを、どれだけの方がご存じだろう。

それだけではない。古墳時代の半ば以降、関東北部は巨大古墳の密集地帯となり、畿内を除く日本列島で、もっとも大きな前方後円墳を造る地域へと発展していた。埴輪《はにわ》づくりも盛んになり、国宝級の埴輪が北関東でつくられていた。

ヤマト建国前後から、多くの民が関東に流れ込み、それまで手のつけられなかった土地を開墾《かいこん》し、一帯は一気に発展していった。四世紀末以降ヤマト政権は盛んに朝鮮半島に軍事介入するようになったが、関東の軍団がなければ実現できなかった。

関東の発展を願い、促《うなが》したのは、ヤマト政権や政権を支える中央豪族たちで、想像を上回る力を関東が獲得していく。その証拠に、大きな歴史の転換期には必ず東国《とうごく》がからんでくるようになった。

まず五世紀末から六世紀初頭にかけて、東国が政権交替に大きく寄与している。男大迹王《おおど》(継体天皇《けいたい》)が越《こし》(北陸)から連れて来られて担《かつ》ぎ上げられたが、このとき日本海と越から信濃《しなの》(長野県)を通じて関東につながる大きなネットワークが完成していて(拙著『磐井の乱の謎』)、継体擁立《ようりつ》にかかわっていた可能性が高くなってきた。

継体天皇は応神《おうじん》天皇の五世の孫と『日本書紀《にほんしょき》』が記録しているため、王朝交替ではないかと疑われもした。継体擁立の実態は婿《むこ》入りではないかと考えられるようになってきた。ただしこの時期、新たな体制が生まれたことは間違っていない。そしてここで、東国が大きくからんでいた。何しろ継体天皇は、東国の後押しを受けて東国から畿内に乗り込んだからだ。

次に東国が政権交替にかかわったのは、壬申《じんしん》の乱(六七二)だろう。兄である天智《てんじ》天皇の近江朝《おうみ》と敵対した大海人皇子《おおあまのみこ》（天武天皇）は、身の危険を感じ、ほぼ裸一貫で不破関《ふわのせき》（関ヶ原）の東側に逃れたが、東国の軍団の加勢を得て、一気に近江朝の大友皇子《おおとも》（天智の子）を亡ぼしてしまった。天智の王家は天武の王家に入れ替わったのだ。そして、天智系を支持する藤原氏はいったん野《や》に下った。天武の王家の誕生は、東国の勝利でもあった。

ところが、ここから意外な悲運が東国を覆《おお》っていく。天武の王家が天智系（持統《じとう》天皇）に入れ替わり、実権を握っていく反天武派の藤原氏は、東国を警戒しはじめる。壬申の乱が朝廷のトラウマとなって、東の軍団が動けば、一気に自分たちの政権が滅ぶのではないかという恐怖心が芽生《めば》えた。

だから、都で不穏な空気が流れると、東に抜ける三つの関を閉じるようになった。これが三関固守《さんげんこしゅ》で、謀反《むほん》人が東国とつながることを防いだのだ。三関とは、伊勢《いせ》国鈴鹿《すずか》（三重県亀《かめ》山《やま》市）、美濃《みの》国不破、越前《えちぜん》国愛発《あらち》（福井県敦賀《つるが》市南部の旧愛発村と滋賀県高島《たかしま》郡マキノ町との境にある有乳山《あらちやま》付近）だ。

そして、ここが大問題なのだが、八世紀に藤原氏が権力者の地位を固めると、突然「蝦夷《えみし》征討《せいとう》」が本格化してしまった。直前まで、政権と東北の民はむしろ蜜月を迎えていたにもかかわらず、政権側が難くせをつけて軍団を派遣している。

筆者はその理由を、「強くなりすぎた関東の力を東北にさし向けることで、東国全体のパワーを削《そ》ぎ落とした」と睨《にら》んでいる。藤原氏がのし上がる間、多くの名門豪族がなぎ倒されていったが、敗れた彼ら（反藤原派）の多くは東国や関東と強くつながっていたから、「関東潰《つぶ》し」は、旧豪族層の追い落としの意味も兼ねていたのである。

藤原氏にとって関東の軍団は、「遺恨《いこん》を抱《いだ》く手に負えないモンスター」と化していたのであり、その後も恐怖の対象になっていった。

もっとも藤原政権は、平安時代に関東の武士を大いに利用し、「藤原氏だけが富み栄えるシステム」を構築することに成功した。つまり、おいしい思いをしていくのだが、次第に関東の武士たちは、骨までしゃぶられた上、蔑《さげす》まされていることを知り、怒った。平安後期になると、源氏に率いられた関東の武士団が立ち上がり、貴族政権に決定的ダメージを与えたのである。

わが世の春を謳歌《おうか》して自家だけの繁栄を願っていた藤原政権をついに打ち倒したのは、関東の底力《そこぢから》なのである。

古代史の謎解きに、これまで関東はほとんど無視されてきた。しかし、関東が何かをわからなければ、古代史の深層を解き明かすことはできない。そこで、関東の豪族と神社や史跡を巡り、これまであまり語られることのなかった関東の歴史を探《さぐ》ってみようではないか。

平成三十一年正月

関《せき》 裕二《ゆうじ》

目次——神社が語る　東国の古代氏族

はじめに　3

序章　つくられた「西高東低」の史観　13

坂東《ばんどう》、山東《さんとう》、関東　14
豊かな縄文《じょうもん》王国　17
列島に共存した縄文と弥生《やよい》　22
「西が東を制圧した」は本当か　27
古墳時代に発展する関東　33
三重采女《みえのうねめ》の歌が語る「東」の地位　38
『日本書紀《にほんしょき》』の怪《あや》しい記事　41
持ちつ持たれつのヤマトと東国　47
なぜ豹変《ひょうへん》したのか　54

第一章　ヤマトタケル伝説と海人《あま》族の足跡　57

つくられた四道《しどう》将軍の派遣伝承　58
平定《へいてい》した東で崇拝されるヤマトタケル　65
東京湾沿岸に広がるオトタチバナヒメの伝承　69
関東の西の端に残るヤマトタケル伝承　77
関東の中心にある筑波山《つくばさん》　86
ヤマトタケルの「東征《とうせい》」の正体　94
数十年に一度の天候不順で大乱が起こる？　100
ヤマトタケル説話が神話じみている理由　104
朝廷に崇《たた》っていた　107
ヤマト建国をめぐる秘密　110
神武《じんむ》天皇の取り巻きは九州の海人だった　116

第二章　北関東の雄、上毛野《かみつけぬ》氏は本当に天皇の子孫か　127

上毛野と下毛野《しもつけぬ》　128
トヨキイリヒコの子孫たち　137
渡来系の上毛野氏がいた　143
上毛野氏の系譜を改竄《かいざん》したのは誰か　147
軍事や編纂《へんさん》事業で大活躍　150
ヤマトの三輪《みわ》の神事をあつかう　156
和泉国《いずみのくに》に住む上毛野氏の末裔　160
日向御子《ひむかのみこ》は何者か　164
前方後円墳が結ぶヤマトと上毛野　170
前方後円墳、vs 前方後方墳　176

第三章　点在する出雲《いづも》系神社の謎　183

武蔵国造《むさしのくにのみやつこ》は出雲系　184

なぜ関東の国造になった？ 188
「出雲の国譲り」を果たした尾張《おわり》氏 194
弱い王が関東を利用して力をつけた 198
大王の権威を借りる 205
関東に住まわされた渡来人 209
武蔵の中心が南に遷《うつ》る 212
律令《りつりょう》制度に怒る神 214
蘇我《そが》氏が残した方墳《ほうふん》と仏教文化 220

第四章　改竄《かいざん》された古社の由緒 227

土着の民を野蛮視する『常陸国風土記《ひたちのくにふどき》』 228
香取《かとり》・鹿島《かしま》は戦略的拠点 234
隠された本当の祭神 236
藤原《ふじわら》氏に奪われた神々 244

日本の神の権威を欲した藤原氏　251
コケにされた鹿島神宮の記録　254
奪われた者たちの恨《うら》みつらみ　260
夷俘《いふ》と群党《ぐんとう》　267
武士の誕生と復讐《ふくしゅう》する関東　273
おわりに　277

序章　つくられた「西高東低」の史観

坂東《ばんどう》、山東《さんとう》、関東

古代の「関東」は、三関の東側のことで、現代人のいう「関東」とは異なる。当たり前のことだが、「関所の東」だから関東になる。天平《てんぴょう》十二年（七四〇）に行なわれた聖武《しょうむ》天皇の関東行幸《ぎょうこう》は、不破関など三関の東側に御幸したことを意味している。その「関東」の一部に、今いう「関東」が含まれていた。これからお話しする「関東」は、現在普通に使われている箱根の関の東側の「関東」のことだ。

さて、関東と聞けば、広大な平野を思い浮かべる方も多かろう。ただ太古の関東は、湿地帯、湖沼《こしょう》が覆《おお》い尽くしていた。縄文時代には東京湾が今でいう内陸奥深くまで広がっていたし、霞ヶ浦《かすみがうら》（古くは香取海《かとりのうみ》）も広大な内海で、関東平野は内陸の水運が発達していた。

関東を構成する八つの国（つまり関八州《かんはっしゅう》）、上野《こうずけ》（群馬県）、下野《しもつけ》（栃木県）、常陸《ひたち》（茨城県）、武蔵《むさし》（東京都と埼玉県）、上総《かずさ》（千葉県中部）、下総《しもうさ》（千葉県北部）、安房《あわ》（千葉県南部）、相模《さがみ》（神奈川県）のうち、内陸部は上野、下野の二つの国だが、沿岸部の国々とは大きな河川でつながっていたのである。

日本の西側から東北地方に抜ける場合、海の難所鹿島灘《かしまなだ》を避けて、外房《そとぼう》の天然の良港

古代関東の交通

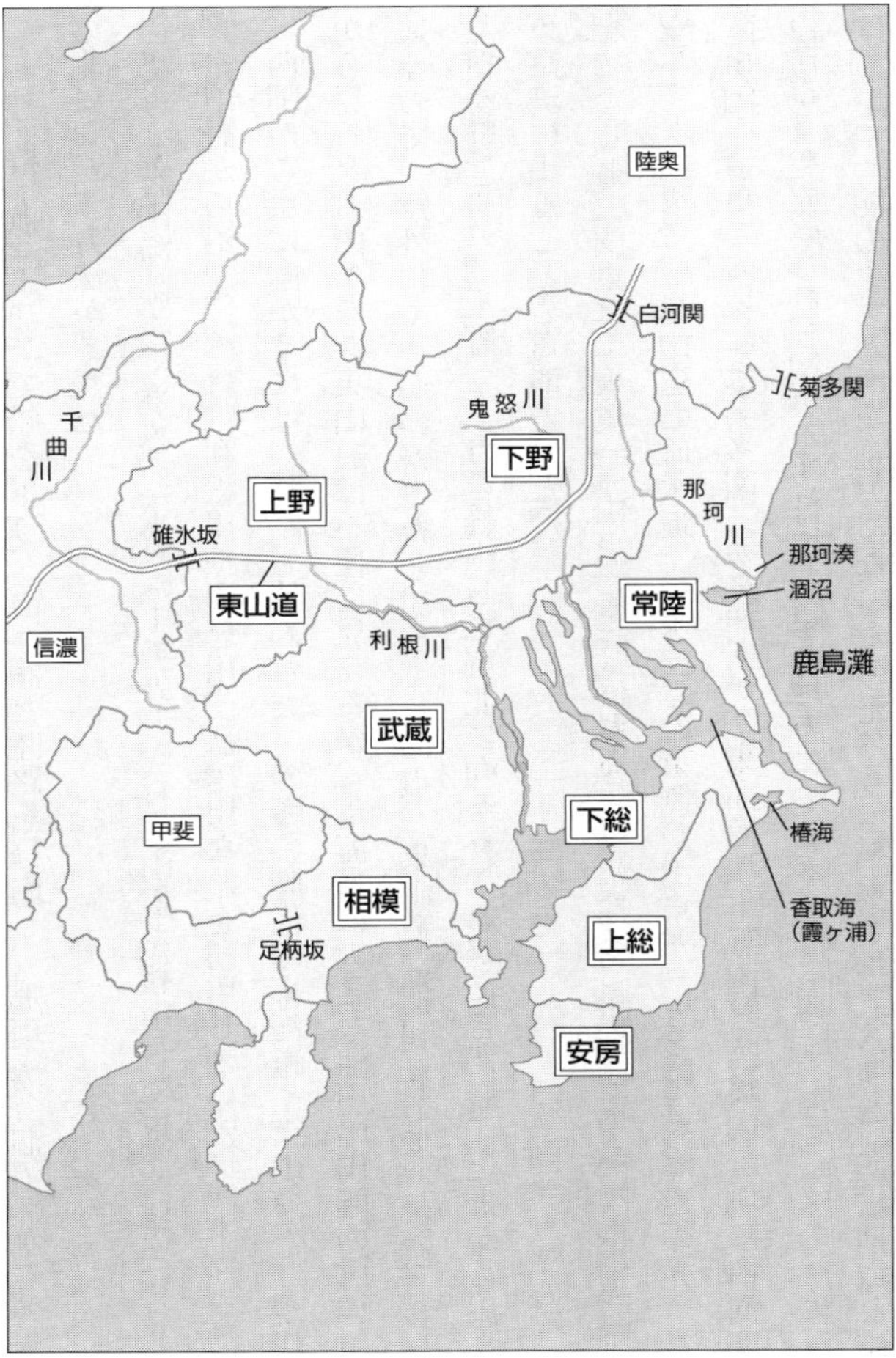

陸奥
白河関
菊多関
鬼怒川
下野
千曲川
上野
那珂川
碓氷坂
那珂湊
涸沼
東山道
常陸
信濃
利根川
鹿島灘
武蔵
下総
椿海
甲斐
相模
香取海
(霞ヶ浦)
足柄坂
上総
安房

(潟《かた》、ラグーン)椿海《つばきのうみ》(玉浦《たまのうら》)で船を下り、霞ヶ浦と陸路を経由し、那珂湊《なかみなと》(涸沼《ひぬま》)から外海に出て東北に向かう方法があった。

また、霞ヶ浦を内陸部まで進み、下野(下毛野《しもつけぬ》)から東山道《とうさんどう》を利用して東北に抜けられた。上野や下野から沿岸部へは、利根川《とね》や鬼怒川《きぬ》、那珂川などを利用していた。

また、西国から東に向かうには、陸路も使われた。のちの時代の東海道や東山道だ。現代人の目から見ると、山がちな東山道は不便に見えるが、東海道は大きな河川の川幅の広い下流域を通るので、意外にやっかいだったと思う。その点、東山道は便利な道で、信濃《しなの》(長野県)から碓氷峠《うすい》を下り、上野、下野を経由して東北に向かうことができたし、上野から川を下って東京湾に出ることも可能だった。

八世紀になると、関東は「坂東《ばんどう》」「山東《さんとう》」と呼ばれるようになる。東海道の「足柄坂《あしがらのさか》(足柄峠)の東」が坂東で、東山道の碓氷坂(碓氷峠)の東側が山東だ。さらに東海道の先、常陸国と陸奥国《みちのく》(道奥)の境には菊多関《きくた》(勿来関《なこそ》)が、東山道の下野国と陸奥国の境に白河関《しらかわ》(福島県白河市)が設置され、関東を抜けると東北地方につながる。

ならば、いつ「関の東」が関東地方になったのだろう。昌泰《しょうたい》二年(八九九)に足柄坂と碓氷坂に関が設置され、関東は正真正銘《しょうしんしょうめい》の「関の東」になったが、なぜ、この時期に関東から見て西側の高台に、関が設けられたのだろう。それは、この時代の関東が無法地帯で、盗賊らが跋扈《ばっこ》し、手に負えなくなっていたからだ。原因をつくったのは朝廷なのだが、その理由と様子についてはのちに触れる。

豊かな縄文《じょうもん》王国

関東はかつて縄文王国だった。国立民俗学博物館に勤めた小山修三《こやましゅうぞう》が行なった全国の遺跡数から割り出した試算では、縄文時代早期から後期にかけて他地域と比べた場合、関東の人口の相対数と密度がもっとも高かった。中期には、関東から信濃（中部）にかけての人口が増えている。晩期になって東北に首位の座を奪われるが、弥生時代には再び関東の人口は増えている。

日本列島全体を大まかにみると、縄文時代中期に人口が急増し、後期から晩期にかけて急速に減っていった。そして、弥生時代に人口爆発が起きている。弥生時代の東北の人口は三万三四〇〇人で、人口密度は一平方キロあたり〇・五人、近畿は人口一〇万八三〇〇人、密度は三・三八人で、これに対し、関東は人口九万九〇〇〇人、密度は三・〇九人と回復している。弥生時代になると、北部九州や瀬戸内海沿岸部で人口増加が見られるが理由は簡単で、稲作が受け入れられていったからだろう（小山修三『縄文時代』中公新書）。

ただし、東北の縄文時代後期から晩期は、他地域のような急激な人口減は見られない。この時期の東北は、縄文文化の中心的存在になっていたようだ。土偶《どぐう》の制作が盛行《せいこう》するのも、この時代だ。

もちろん、資料の乏しい中での試算だから誤差はあるだろうが、大まかな傾向として、関東は縄文時代を通じて、ほぼ住みやすかったものと考えられる。

縄文時代の一段階前、旧石器時代も、人びとは「どちらかというと東側」に集まっていたようだ。関東や東北で旧石器がよく見つかっている。

ちなみに、関東の旧石器時代は火山噴火の時代でもあった。富士山、浅間《あさま》山、榛名《はるな》山、赤城《あかぎ》山と、関東平野は多くの活火山に囲まれ、火山灰が降り積もり、赤土《あかつち》のいわゆる関東ローム層が形成された。また多くの旧石器は、関東ローム層の中でもっとも成立の遅い立川《たちかわ》ローム層から発見される。

日本列島を大きく二つに分ける文化圏の境界線は、関ヶ原付近や岐阜と富山を結ぶ高山《たかやま》本線の周辺と指摘されてきた。縄文人はその東側に多く住み、東西の文化と言語、嗜好《しこう》の差は今日にも影響を及ぼしている。

ではなぜ、縄文人は東側を好んだのだろう。理由はいくつも考えられるが、第一に、植《しょく》生《せい》の差が挙げられている。東の落葉樹林帯（ナラ林文化圏）と西の照葉樹林帯《しょうようじゅ》（照葉樹林文化圏）の違いであるが、落葉樹林帯の植物は生命力旺盛《おうせい》で、木の実（ドングリ）や昆虫が多く、これをエサにする動物も人間も暮らしやすかったのだ。世界の食糧採集民の中でも縄文人の栄養状態は抜きん出ていて、虫歯に苦しめられていたことがわかっている。

また東日本の川は、サケ（鮭）やマスの宝庫だ。毎年秋に海に下ったサケは産卵のために川をさかのぼってくる。内陸部にいながら、海の幸が向こうからやってくるわけだ。縄文人たちはサケを神のもたらす恵みと感謝し、食し、保存したのだろう。

今日でも、東のサケに西のブリと、大きな嗜好の差が残されている。ちなみに、サケやマスが遡上《そじょう》する川の西限は、太平洋側だと静岡県の遠州灘《えんしゅうなだ》に注ぐ天竜《てんりゅう》川、日本海側だと兵庫県の円山《まるやま》川とされる。このサケ・マスの分布域は、高度な縄文文化の象徴である亀ヶ岡《かめがおか》式土器の影響する地域とほぼ重なるらしい。

その東日本の中でも、関東の縄文時代には大きな特徴がある。それが貝塚《かいづか》だ。日本全国で二千数百の貝塚が見つかっているが、その多くが関東のものである。しかも、縄文海進《かいしん》で広がっていた旧東京湾（と呼ぶべきか）や茨城県の霞ヶ浦沿岸に集中している。二つの大きな内海である（当時の霞ヶ浦は現在よりも広大だった）。

遠浅《とおあさ》で干満の差がある海岸で、貝は獲《と》れた。東北の太平洋側や東海地方にも貝塚は多いが、東北の場合、黒潮と親潮がぶつかり、混じり合うために、世界四大漁場のひとつに数えられている。魚介類の宝庫だった。

『常陸国風土記《ひたちのくにふどき》』那賀郡《なかのこおり》（那珂郡）の段に、貝塚の記事が載《の》っている。

「平津《ひらつ》の駅家《うまや》（内陸部の茨城県東茨城郡常澄村《つねずみ》）の西一二里に岡があった。名を大櫛《おおくし》という。大昔、この地に人がいて、体がたいへん大きかったので、丘の上にいながら、手は海辺の大ハマグリをほじくり出して食べていた。その食べかすの貝が積もって丘になった」

というのだ。貝塚を神話化したものだが、海から離れた場所に、なぜ貝殻が大量に棄《す》てられているのか、奈良時代の人びとには不思議だったのだろう。

関東平野の縄文人は、縄文時代早期の初頭ごろには魚や貝を求めて海に出るようになったが、縄文時代早期の後半になると、内陸部に向けて海産物や貝の加工品を持ち込む例が増えていく。貝は、加工して保存食にしたあとで貴重な交易品になっていたのだ。太平洋側から直線距離で六〇〇キロ、移動距離は一〇〇〇キロになる場所（長野県）まで、貝の加工品が運ばれていたこともわかっている。ちなみに、西日本でも海産物の交易は行なわれていた。内陸部の奈良盆地に海産物が届けられている（奈良県橿原《かしはら》市の橿原遺跡）。

貝塚はアルカリ性が保たれるため、意外にも遺物の保存状態が良い。貝塚から出土する遺物の割合が以下のように集成されている（一九六一年の資料）。

「貝類（ハマグリ、カキ、アカニシ、アサリ、オキシジミなど）三五、節足類（エビ、カニ）八、棘皮《きょくひ》類（ウニやナマコ）三、魚類（マダイ、スズキ、クロダイ、ボラ、エイ、フグなど）七一、両生《りょうせい》類（カエル）一、爬虫《はちゅう》類（カメ、ウミガメ、スッポン）八、鳥類（マガモ、キジ、ツル）

三五、獣類七〇、植物（クルミ、クリ、トチ、ドングリ、ウリ、アズキ、イネ）二七」
（酒詰仲男『日本縄文石器時代食料総説』土曜会）

このように、貝類、棘皮類、魚類の合計が獣類を上回っている。縄文人と聞くと、狩猟に明け暮れ、肉を喰らっていたイメージが強いが、海産物も大量に摂取していたことがわかる。貝類は労せずしてとることができるのも、大きな要因だったかもしれない。また獣類には、シカやイノシシが多いが、アシカ、アザラシ、トド、イルカ、クジラも含まれているから、やはり海の幸に依存していた。

ただし、海産物の交易の量には波があり、東日本では縄文時代早期が、西日本では縄文時代前期と後期がピークだった。

列島に共存した縄文と弥生《やよい》

東日本は、縄文人にとって住みやすい場所だった。当然、人口は集中したし、高度な文化が花開いたのである。

ならばなぜ、弥生時代に至り、東西の立場は逆転したのだろう。最大の原因は、西が稲作に適していて、東はその逆だったことがあげられよう。東北に関しては、寒冷な気候が大いに邪魔になったし、関東の土地に欠点があった。

現代の地図を見ていても、当時の面影《おもかげ》は想像できない。縄文時代の関東平野は、温暖化によって海が内陸部まで入り込み（縄文海進）、その後、寒冷化によって水は引いたが、平野のあちこちに無数の湿地帯が残された。魚や貝や鳥が集まってきたから、縄文人にとっては都合が良かったが、弥生時代の技術では、周辺を水田に変えることは難しかった（小出博『利根川と淀川』中公新書）。

江戸時代に至るまで、関東の湿地帯の開発は困難を極めた。巨大土木工事が必要だったからだ。その代わり、弥生時代には「谷《たに》水田」が造られていた。関東の丘陵地帯や台地の細長い切れ間に湧く水を利用した狭い水田で、大規模な灌漑《かんがい》の必要がなかった。干魃《かんばつ》の被害を受けにくいが、水温が低いために収穫量は多くはないし、ぬかるんでいるから、効率は悪かった。これが稲作開始期の関東の特徴的な水田であり、現代人が想像するような、見晴らす限りの広大な関東平野を埋め尽くす水田ではない。

これに対し、西日本はまったく異なる。水稲栽培に適した条件が整っていた。

まず、東北のような夏の冷害が少ない。火山が少なく、水田を造りやすかった。ここに移住してきた渡来人が先進の灌漑技術を持ち来たり、さらに朝鮮半島から鉄が大量に流れ込んでいた。鉄は強力な武器に加工されるが、それよりも大切なことは、鉄がもたらす農具の革新によって開墾《かいこん》と灌漑が容易になり、人口爆発を起こす大きな要因となることだろう。

また、弥生時代後期の近畿地方は鉄の過疎地帯（未普及）だったが、盆地の周辺の山が「貯水池」の役割を果たし、河川や湧き出る水を利用できたから、稲作には適した場所だった。

ところで、炭素14年代法によって、弥生時代の始まりは紀元前四～五世紀頃ではなく、紀元前十世紀後半だった可能性が高まっている。この結果、「稲作は一気に東に広まっていった」わけではなかったことがわかってきた。

そして稲作は、まず北部九州で受け入れられ、その後、西日本で盛《さか》んになった（稲作は、朝鮮半島の人たちが大量に渡ってきて始めたのではないこともわかってきている。先住の縄文人が稲作を選択した）。弥生時代前期の末から中期の初頭にかけて東漸《とうぜん》し、伊勢付近まで広まっていったが、濃尾《のうび》平野にさしかかったところで勢いが衰えた。

稲作を、東側の地域の人びとがなかなか受け入れようとはしなかったのは当然のことで、それをすぐに始められる土地が少なかったし、食料に困っていたわけではなかったからだ。関東平野に本格的に稲作が流入するのは、弥生時代後期の初頭までずれ込んでいる。

これまでの歴史観は、「弥生時代の稲作は、渡来人の手によって西から東に伝えられ、新しい文化が東に根付いていった」というものだったが、考え方はだいぶ変わってきている。稲作は、先住の縄文人が率先して受け入れ、しかも彼らは、新しい文化を受け入れながらも縄文的な習俗を捨てなかったことがわかってきたのだ。

たとえば、稲作が受け入れられる直前の縄文時代後期に、西日本のそれまで何もなかった土地に定住する者が現われ、東側から土偶や石棒など、縄文的な文物と儀礼が流入していた。また、東側で行なわれていたアズキやダイズの栽培も、西日本で行なわれるようになっている。要は、東側の縄文人が西へ移動していたわけだ。その直後に朝鮮半島から、アワ、キビの栽培や稲作が伝わり、縄文人たちはこれを受け入れている。

こうして西日本では、縄文と稲作（弥生）の二つの文化が習合し、縄文的な文化の上に、新たな文化が発展していったと考えられるようになった。

ただし、稲作は受け入れたが、当初縄文的な生活の道具、縄文的な信仰の道具は、そのまま継続して使われていた。

また、人類が戦争を始めたのは、本格的に農業を始めたことをきっかけにしていたと指摘されていて（コリン・タッジ著・竹内久美子訳『農業は人類の原罪である――進化論の現在』新潮社）、戦争とともに強い王が求められたと思われる。ところが近畿地方や東海地方では、強い王権が生まれなかった可能性が高い。

もっともわかりやすい例が「銅鐸《どうたく》」で、なぜ、鳴らすための鈴が巨大化して化け物のような姿になったかというと、集落ごとの祭祀《さいし》に用いて、ひとりの強い権力者に独占させないようにしたためと考えられている。これは、強い王の発生を嫌った縄文社会の因習《いんしゅう》がそのまま踏襲《とうしゅう》された可能性が高い。

寺前直人《てらまえなおと》は、『文明に抗した弥生の人びと』（吉川弘文館）の中で、ヤマトの周辺の人びとは、玄界灘《げんかいなだ》沿岸部に発生したような階層的な社会を拒《こば》み、東日本の祖霊《それい》祭祀を中心とする、平等な社会の構築に成功したという。そして、銅鐸には縄文的な文様が施《ほどこ》されたとし、

「既存の価値体系のなかに包括できるよう記号化された。これらの創出により、一時的とはいえ近畿地方南部を中心とした列島中央部の人びとは、大陸・半島からもたらされた魅力的な文明的価値体系に抗することに成功したのだ」（前掲書）

と言っている。この文明的価値体系に抗した地域が、三世紀後半にゆるやかな連合体を形成していったことになる。ヤマトに「弱い王」（のちの天皇）が生まれたのも、このような縄文から継承されてきた理念に根ざしていたのかもしれない。

「西が東を制圧した」は本当か

なぜ、縄文から弥生につながる歴史にこだわったかといえば、「西から東に向けて、文化レベルの勾配《こうばい》があった」（東に行くほど低くなる）と単純に決めつけることはできないからだ。

さらに、ヤマト建国の前後から、関東に移民が流れ込み、新たな土地を開墾していくのだが、これも「ヤマト政権の強圧的な支配」のもとに行なわれたわけではないことをわかって欲しかったのである。

しかし、そうはいっても、ヤマト建国ののち、長い間、東は「未開の地」のレッテルを貼られ続け、利用され、恐れられていたように思う。その間の大まかな歴史を、ここでふり返ってみよう。

まず、関東地方の稲作の開始は大きく遅れる。かつて関東地方の稲作は弥生時代中期に始まったと考えられていた。しかし発掘調査が進展し、弥生時代前期から中期の前半に稲作を選択する人びとが現れ、世帯共同体が生まれていたことがわかってきた。それまでは縄文色が強く、母系同族制社会を継承する地域だった。そしてしばらくは、地域ごとに二つの文化が入り交じっていく。これを当然のように「関東地方の後進性」と指摘してきた。

関東地方の「弥生時代」は、南部（現在の埼玉県南部から神奈川県、千葉県南部にかけて）が西側からの新たな文化をいち早く受け入れ、その一方で、北部の茨城県や栃木県に相当する地域では頑《かたく》なに伝統的な文化を守り続けていた。たとえば、遺骸を白骨化させてから土器に納めて埋葬する再葬墓《さいそうぼ》文化に固執《こしゅう》した。

朝廷もこの南北差をある程度理解していたようで、『常陸国風土記』逸文《いつぶん》に、「七世紀の孝《こう》徳《とく》天皇の時代の白雉《はくち》四年（六五三）、筑波と茨城《うばらき》の郡の七百戸を分けて、信太《しだ》の郡を置いた。ここは元、日高見《ひたかみ》の国だった」とある。朝廷は茨城県の一部を「日高見国」と呼び、蝦夷《えみし》の盤踞《ばんきょ》する地域と見なしていたようだ。

他の地域は、弥生時代中期に再葬墓を捨て、西から伝わった方形周溝墓《ほうけいしゅうこうぼ》を採用するようになっていった。

また東国では、西日本のように稲作が生業の中心になったわけではなく、縄文的な畑作は、根強く残った。

弥生時代の関東地方は、青銅器の希薄な地で、東海地方（三河《みかわ》、遠江《とうとうみ》）の「三遠式《さんえんしき》銅鐸分布圏」からもはずれていた。ただし、ミニチュア版の小銅鐸は、関東各地で少しずつ見つかっている。銅鐸にしては珍しく、副葬品として用いられた例もある。小さな仿製鏡《ぼうせいきょう》（中国の鏡を真似《まね》て日本で造った鏡）も見つかっていて、これらの小銅鐸や銅鏡は、古墳時代前期に、土の中に埋められていた。青銅器祭祀の盛んな場所と同じ現象が起きていたのだ。要は、西から新たな潮流が押し寄せていたことを暗示している。

弥生時代後期から、関東で部族連合が分裂し、複数の土器文化圏に別れていた。群馬県西部地域では、中部高地型櫛描文《くしがきもん》土器の系譜を引く樽式《たるしき》土器を用い、栃木県地方では櫛描文や付加条《ふかじょう》の縄文を施《ほどこ》した二軒屋式《にけんやしき》土器や、これとよく似た十王台《じゅうおうだい》式土器が、また埼玉県北部地方では樽式土器の系譜に連なる岩鼻《いわはな》式土器が、さらに南部の東京都や神奈川県では朝《ちょう》光寺原《こうじはら》式土器、千葉県地方では印旛《いんば》・手賀《てが》式土器が普及していた。それぞれが、地域色をにじませた土器を保有していた。

古墳時代になると、地域色は薄まっていく。各地から新しい土器が流れ込んできた。まず、北陸東北部の土器が、信濃川、東山道《とうさんどう》経由で関東平野北部にもたらされた。北陸からは別ルート（近江、尾張、三河、駿河、相模経由）でも入ってきている。また、東海系の土器も関東の南部に押し寄せ、関東平野に新たな時代が到来していた。最初は北陸系、次に東海系の土器が加わり、次第に畿内系が増えていった。入植者の出現であり、いくつもの地域の人びとが入り交じっていた様子が見てとれる。

ただし、各地から関東に土器が持ち込まれたが、すべてが入れ替わったわけではない。その後の関東の土器は、外来の土器を模倣したもの、外来の「型」の一部を在来の土器にとり入れたもの、在来の土器の中に外来の土器が混じるパターンが見られ、いっせいに外来の土器が在来の土器にとって代わった様子はうかがえない。

土器の変化の様子からも、関東は西側の力で制圧されたわけではなかったことがわかる。弥生時代から古墳時代への移り変わりに際し、「東国」（不破から東）は独特な歴史を刻んでいた。

まず、関東平野の西北の丘陵地帯に、高地性集落が築かれていたことがわかった。平成元年（一九八九）に中高瀬観音山遺跡《なかだかせかんのんやま》（群馬県富岡市《とみおか》南部の丘陵地帯）が邪馬台国とヤマト建国前後の百年間続く高地性集落だったことが発表された。

西日本では、二世紀に戦乱の時代を迎え中国の史書に「倭国大乱《わこくたいらん》」と記録されたが、関東では少し遅れて緊迫していたようなのだ。

邪馬台国畿内論者は、関東北部の高地性集落の出現を、邪馬台国と狗奴国《くな》の戦いになぞらえている。「魏志倭人伝《ぎしわじんでん》」（『三国志』の「魏書」東夷伝倭人条《とういでん》）に「狗奴国は邪馬台国の南側にあって敵対している」とあるが、畿内論者は「南は東」と読み替えることで、邪馬台国は九州北部から見て東にあったと解釈し、狗奴国の位置を大和の南側ではなく東側と考える。この推理は多くの支持を受けているが、話はそう単純ではない。

確かに何かしらの緊張が高まったとしても、「魏志倭人伝」にいうような大きな戦いが展開されたことは、考えにくくなっているからだ。関東は西側の影響を受けつつも、独自な文化を守り続けていくことも無視できない。

纒向《まきむく》遺跡（奈良県桜《さくら》井《い》市）に原始的な前方後円墳が出現したころ、東日本では、近江や伊勢湾沿岸部で生まれた前方後方墳《ぜんぽうこうほうふん》（前方後円墳ではない）を採用し、S《えす》字《じ》状口縁台付甕《じょうこうえんだいつきがめ》や多《た》孔平根《こうひらね》鏃《やじり》などの東海系の器物を用いていた。畿内の古墳は、割竹形木棺《わりたけがたもくかん》と竪穴式石室《たてあなしきせきしつ》という組み合わせだったが、東日本では、組み合わせ式の長い木棺を用いた。また、畿内では埋葬者の頭《とう》位《い》は北向きが優位だったのに対し、関東地方では東向き優位だった。

さらに、前方後方墳が関東にもたらされてしばらくの間も、弥生時代から続いてきた方形周溝墓が並行して採用されていった。方形周溝墓は農業集団の家族墓（共同墓）か族長墓で、この集団の長の末裔たちが、古墳時代の前方後方墳や前方後円墳の首長《しゅちょう》墓《ぼ》（個人墓）に葬《ほうむ》られていったのかどうかは、まだよくわかっていない。

邪馬台国とヤマト建国の前後、関東で具体的な戦闘があったわけではないと考えられている。西から関東への入植も、武力制圧ではないと考えられるようになった。入植者たちと先住の民は棲《す》み分けを果たしていく。その様子は『風土記』の説話からも知ることができる。

古墳時代に発展する関東

古墳時代の関東の様子は、『常陸国風土記』行方郡《なめがたのこおり》の段に記されている。

「古老が言うには、継体《けいたい》天皇の御世、箭括《やはず》の氏の麻多智《またち》が、郡から見て西の谷の葦原《あしはら》を切り払い、開墾して田にした。このとき夜刀《やと》の神（谷の神、蛇）が仲間同士で群れ集まり、妨害し、田をつくらせようとしなかった。麻多智は大いに怒り、甲鎧《よろい》を着て矛《ほこ》を取り、撃ち殺し、夜刀の神らを追いやった。そして山口《やまぐち》（登山口）に至り、標《しるし》となる杭《くい》を境の堀に立て、夜刀の神らに告げた。

『ここから上を神の地となすことをお許しください（神の地にはけっして侵犯はしません）。ここから下は、人の田とします。今からのち、私は神の祝《はふり》（司祭者）となり、永代に祭り、敬います。願わくは、祟《たた》りませんように、恨みませんように』

こうして社《やしろ》を建て、はじめて夜刀の神を祀《まつ》った。すなわち、また十一町の田を開墾し、麻多智の子孫が受け継いで、祭祀を行ない、今に至るも絶えていない。

その後、孝徳天皇の御世になって、壬生連麻呂《みぶのむらじまろ》がはじめてその谷を占拠し、池の堤を築かせた。時に、夜刀の神は、池のへりの椎《しい》の木に上り集まり、時間がたっても去らなかった。壬生連麻呂は、声を荒げて言った。

『この池を造っているのは、民を活かすためだ。大君《おおきみ》(天皇)の教化に従わぬのは、どこの神《あまつかみ》か。どこの祇《くにつかみ》(土地の神)なのか』

その上で、土木工事に従事していた民に、命令した。

『目に見える一切のもの、魚でも虫でも、はばかり、恐れることなく、ことごとく撃ち殺せ』

そう言い終わると、神《あや》しい蛇は、隠れた。この池は今、椎井《しいい》の池と名付けられている。池のまわりに椎の木がある。清い泉が出ているので、その井の名(椎井)をとって池の名にしている。すなわちこれは、(霞ヶ浦を渡らずに)香嶋《かしま》(鹿島)に向かう陸路である」

ここに、弥生時代の谷水田と、ため池を利用したのちの時代の開拓の様子が、具体的に記されている。

湧き水をそのまま利用する谷水田は、雨の多い年は稔《みの》りが少ないという欠点があり、収穫は不安定だった。これに対し、壬生連麻呂は、谷に堤防を築いて、水をコントロールすることに成功している。自然と共存する方法から、「天皇の権威」を借りて自然を支配するスタイルに変化したといえるだろう。

この記事の他にも、『常陸国風土記』は、香嶋郡と久慈《くじ》郡の段で、石で池を造り、堤を築いた例を紹介している。関東地方の縄文時代から弥生時代、弥生時代から古墳時代へと続く開拓の歴史が述べられていることになる。

古墳時代に入ると、大きな河川の後背湿地《こうはいしっち》や扇状地《せんじょうち》の扇状部に田が造られ、手をつけられなかった土地が豊富な鉄器と新技術によって開墾されていく。それまでの技術では開くことのできなかった広大な土地が農地になっていったわけで、関東の発展の基礎が、ここに訪れたわけである。

このころ、関東地方も西側と同じように、弥生時代に形成された環濠《かんごう》集落が解体され、首長層は「自宅」を持つようになる。しかもその邸宅（居館）は、ヤマト建国後、日本各地

（九州から北関東まで）でとり入れられていく「方形」「平面」「逆台形の濠《ほり》」「内側の柵列《さくれつ》」という画一的な形で造られていた。

居館は首長の代替わりごとに造り替えられ、さらに地域にはいくつもの規模と形の異なる居館が生まれていて、地域のヒエラルキーが確立していたことがわかってきている。

この居館の大小は、それぞれの地域の古墳の序列とも比例しているが、安定した「地域政権」「権力者」は生まれていなかった。

常陸の場合、前方後円墳の登場は四世紀に入ってからのことで、久慈川流域の常陸太田市《ひたちおおた》に、全長一五一メートルの梵天山《ぼんてんやま》古墳が出現した。そのあと、桜川《さくらがわ》市岩瀬《いわせ》の全長一二〇メートルの長辺寺山《ちょうへんじやま》古墳、筑西《ちくせい》市（旧下館《しもだて》市）の小貝《こかい》川流域に、全長一二〇メートルの葦間山《あしまやま》古墳と続く。

こののち、四世紀末と五世紀初頭には、那珂川流域の大洗《おおあらい》町と水戸《みと》市に全長一〇〇メートルを越える前方後円墳が出現したが、無視できないのは、それぞれの地域で前方後円墳の造営が継続しないことだ。

ただし、北部関東の上毛野《かみつけの》の地域（上野《こうずけ》、群馬県）が、次第に発展していく。その様子を見ていこう。

関東に埴輪がもたらされたのは、ヤマト建国直後、「布留式《ふるしき》古段階」（土器の形式）の時代で、纒向遺跡に箸墓《はしはか》古墳（定型化された最初期の前方後円墳）が造営されたころだ。

群馬県佐波《さわ》郡玉村町《たまむらまち》の芝根《しばね》七号墳に、円筒《えんとう》埴輪の祖となった器台《きだい》が登場している。このあと関東各地に埴輪はもたらされるが、その広がりは、面ではなく点で、ヤマト政権とのつながりが強い場所が重視されたようだ。その中でも、群馬県（上野）には、三角縁神獣鏡《さんかくぶちしんじゅうきょう》も多く副葬されていることが、重要な意味を持っている。

古墳時代前期の関東平野の中で、もっともヤマト政権が重視したのが群馬県で、埴輪がいち早くもたらされただけではなく、早くから墳丘《ふんきゅう》上に葺石《ふきいし》が並べられたのもこの地域だった。ちなみに、同じ「毛野地方」でも、東隣の下野《しもつけ》（栃木県）は、前方後方墳が盛行して、独自の古墳文化を守り続けていく。

群馬県は内陸部だが、三世紀には、東海地方の集団が荒川《あらかわ》や利根川を利用して東海系の土器を群馬県にもたらしている。

四世紀後半の浅間山《せんげんやま》古墳は築造当時、東日本で最大の古墳で、烏川《からすがわ》の東岸、倉賀野《くらがの》（高崎市）に造られたが、ここは利根川上流部の流通の拠点だった。やはり、太平洋を意識した立地だったことがわかる。群馬発展の理由は、川や海を利用した太平洋と日本海、陸路の東海道と東山道、どちらも利用できたという「現代人の目には見えにくい理由」があったからだと思う。

そしてもうひとつ大切なのは、ヤマト政権が関東を支配する上で、碓氷峠《うすいとうげ》を下った関東平野の西の隅の入口こそが、地政学上もっとも大きな意味を持っていたことだろう。

もし統治に失敗すれば、すぐに逃げられるし、逆に背後から兵站《へいたん》が確保できた。そして、旧利根川を利用すれば、一気に東京湾に出ることが可能だ。ヤマト政権が関東を押さえるにはここしかないというほど、意味のある土地であった。

三重采女《みえのうねめ》の歌が語る「東」の地位

関東は四世紀末、五世紀ごろから、特殊な地域に変貌《へんぼう》していく。それは、関東北部を中心に、巨大な前方後円墳が出現していくことなのである。

その理由もわかっている。朝鮮半島にヤマト政権が軍事介入を行ない、関東の軍団が盛んに派遣され、北部関東が重視され、栄えていったのだ。その結果、関東はまるで独立国のような扱いを受けていくようになる。

『古事記《こじき》』雄略天皇《ゆうりやく》の段に、次の話が載る。

雄略天皇が長谷《はつせ》の百枝槻《ももえつき》（枝の茂った木）の下で豊楽《とよのあかり》（酒宴）を催《もよお》した時、伊勢国の三重《みえ》の采女《うねめ》が盃を天皇にささげた。すると盃の中に葉が落ちていたので、（怒った）天皇は、采女を打ち倒し、剣を首に当てて切ろうとした、まさにそのとき、采女は歌で弁明し、許される。その歌の中に、次の一節がある。

「槻《つき》が枝《え》は　上《ほ》つ枝《え》は　天《あめ》を覆《お》へり　中《なか》つ枝《え》は　東《あづま》を覆へり　下枝《しづえ》は　鄙《ひな》を覆へり」

ここに出てくる「天」は、ヤマトの都とする説があるが、「天下」、ヤマト政権の支配する領域（畿内）を指していると思われる。これに対し、「鄙」はヤマトの周辺（畿外）だが、「東」はその他の「鄙」とは区別され、ひとつの大きな括《くく》りの中におさまっている。

歌の一節といわれればそうかもしれないが、やはり無視できない。ヤマト政権にとって

「東」は、ただの「鄙」でないのではないか。天皇の治政は、畿内を中心にして「鄙」（畿外）と、もうひとつ「東」という領域があったことを示している。

『日本書紀』天武四年（六七五）正月十七日条には、大倭国《やまとのくに》（大和国）が瑞《あや》しい鶏《にわとり》を、東国《あづまのくに》が白い鷹《たか》を、近江国が白い鵄《とび》を貢上《こうじょう》したとあり、ここでは、「大倭国」と「東国」と「近江国」が、それぞれひとつの国としてとらえられている。

さらに『続日本紀《しょくにほんぎ》』天平宝字《てんぴょうほうじ》七年（七六三）正月十七日条には、唐の吐羅《とら》（済州島？）や林邑《りんゆう》（ベトナム）と共に「東国」が記載されている。ここでは、海の外の「国」と同じ扱いだ。

次章で触れるが、上毛野氏の祖トヨキイリヒコ（豊城入彦命）をめぐる伝承の中で、弟はヤマトの統治を命じられ（垂仁《すいにん》天皇）、兄のトヨキイリヒコは東国の統治を委《ゆだ》ねられている。

それにしてもなぜ、『古事記』雄略天皇の段で「西」や「北」「南」ではなく、「東」だけが特別視されているのか。

『古事記』の面白さというのは、こういう細かい微妙な言い回しの中に隠されているのだ。

ちなみに、『日本書紀』は東国を野蛮視していた。ヤマトからみた「東」は、恐ろしい存在と見なされていたのだろうか。

だが、話はそう単純ではなさそうだ。現実のヤマト政権と関東は、想像以上に仲睦《なかむつ》まじかった。少なくとも七世紀までヤマト政権と東国は対立していないし、共存共栄の道を歩んでいた。

建国後のヤマトが関東に新しい技術を移入し、古墳時代には、それまで手のつけられなかった土地を開墾し、豊かになった結果、関東では当然人口爆発が起きていた。東国の民は、富をもたらしたヤマトに感謝し、ヤマト政権の朝鮮半島遠征を支える軍事力として活躍していくことになる。けっして、ヤマト政権と関東は対立する関係ではなかったのだ。

とすれば、伊勢国の采女が、「鄙」から「東」を区別した理由は、ヤマト政権にとって「東」が、貴重な存在だったことを意味していたからではあるまいか。

『日本書紀《にほんしょき》』の怪《あや》しい記事

古代の関東、東国をめぐる謎は、ここから先にある。

律令《りつりょう》整備の第一歩となった大化改新《たいかのかいしん》の場面で、他の地域よりも先に国司が東国に派遣され、評制《ひょうせい》の施行が、まずこの地から始められたが、松尾昌彦《まつおまさひこ》は『古墳時代東国政治史論』(雄山閣)の中で、次のように指摘している。

「領域国家である律令国家への変換は東国においてまず改革が進められ、東国の国造《くにのみやつこ》層が評の官人あるいは郡司として積極的に国家機構に参加していくことによって、律令国家が成立していったとの評価が与えられている」

律令制度は明文法《めいぶんほう》による中央集権国家の支配システムだが、これを完成させるためには、全国の諸豪族から土地を奪いとり、その代わりとなる役職を与えてやる必要があった。これは困難を極める作業であり、まず東国でモデルケースをつくろうとしたことがわかる。ここに、東国の特殊性が隠されている。

おそらく東国は、ヤマト政権によって発展を促《うなが》され、実際に繁栄を勝ち取り、両者は絶大な信頼関係で結ばれていたのだろう。ところが八世紀になると、なぜか政権側が東国との間に、対立の図式を描いていく。

その証拠に、養老《ようろう》四年（七二〇）に編纂《へんさん》された『日本書紀』は、東国を悪《あ》し様《ざま》に描き、ことさら野蛮視している。その例をいくつか掲《かか》げておこう。

景行《けいこう》二十七年春二月条には、東国視察を終えた武内宿禰《たけうちのすくね》の、次の報告が載っている。

「東方の鄙に、日高見国があります。その国の人は、男女ともに槌《つち》型に髪を結い、文身《いれずみ》をし、人となりは勇猛果敢です。これをすべて『蝦夷《えみし》』と言います。土地は肥沃《ひよく》で広大です。討ち取りましょう」

この話は、どこか『常陸国風土記』の内容と似ている。また、『日本書紀』景行四十年七月の条で、東国を蔑視している。内容はおおよそ次のようなものだ。

「東国に盤踞する人々（東夷《あづまのひな》）の性格は凶暴で、人を辱《はずかし》めることを平気でする。村や集落に長《おさ》はいない。境界を侵《おか》しあっては物を盗む。山には邪《あ》しき神《かみ》がいる。野には邪しき鬼がいて往来もふさがれ、多くの人が苦しんでいる。その中でも蝦夷はとくに手強い。男女がいっしょに暮らし、親子の別もない。冬は穴に寝て、夏は木に棲む。毛皮を着て動物の血を飲み、兄弟同士で争う。山に登ること飛ぶ鳥のようで、野を走ること獣のようだ。恩を受けても忘れるが、恨みは必ず報《むく》いる。徒党を組み辺境を荒らし、作物をかすめる。追えば、山に逃げる。だから昔から一度も王化に従ったためしがない……」

しかし、すでに述べたように、この記事を信じることはできない。ヤマト政権と東国が対立していた証拠は何ひとつあがっていない。また、七世紀のヤマト政権は、実際には東国と蜜月の関係にあった。たとえば、全盛期の蘇我本宗家《そがほんそうけ》は、身辺の警護に「東方儐従者《あづまのしとべ》」（東国の屈強の兵士）を選択している。乙巳《いつし》の変（六四五）で蘇我本宗家が滅亡する直前の話だ。

この時代のヤマト政権と東国の民の良好な関係は、『日本書紀』も渋々認めている。

皇極《こうぎょく》元年（六四二）九月二十一日、越《こし》のあたりの蝦夷が数千人、帰順《きじゅん》（原文は「内附」）してきた。同年十月十二日、蝦夷を朝廷で饗応《きょうおう》した。同年十月十五日、蘇我大臣《おおおみ》（蘇我蝦夷）は、蝦夷を自宅に招き、自《みずか》ら慰問した。

大化二年（六四六）正月、蝦夷が帰順（原文は「親附」）した。斉明《さいめい》元年（六五五）七月十一日、難波長柄豊碕宮《なにわのながらのとよさきのみや》で北（越）の蝦夷九十九人、東（陸奥《みちのく》）の蝦夷九十五人を饗応した。また、柵養《きかふ》（陸奥の地名か、あるいは柵に囲まれた居住地とも）の蝦夷九人、津刈《つがる》（津軽、あるいは日本海側の東北地方）の蝦夷六人に、それぞれ冠二階を授けたという。斉明《さいめい》元年（六五五）是《この》歳《とし》の条には、蝦夷と隼人《はやと》が衆《ともがら》を率いて帰属（原文は「内属」）し、闕《みかど》（宮殿）に詣《もう》で朝献《ちょうけん》したとある。

書かれたのが八世紀であるから蔑視的な表現はあるものの、関東を通り過ぎ、東北の蝦夷もヤマトに靡《なび》き、ヤマトと「共存」していた蝦夷の実態がこれらの記事からわかる。それでも『日本書紀』は、なんとか東国が当初より敵対していたかのような印象操作に余念がない。

斉明五年（六五九）三月の記事に、阿倍臣《あへのおみ》（名を漏らしている）が登場し、蝦夷に遣わされ、これを討たせたとある。「船師《ふないくさ》百八十艘《そう》を率《ひき》いて」とあるから、海側だろう。ところが、そのすぐあとには、飽田《あぎた》（秋田市）と渟代《ぬしろ》（秋田県能代市）、津軽郡《つがる》（青森県西部）、膽振鉏《いぶりさえ》（北海道胆振地方）の蝦夷、つまり東北の日本海側と北海道の蝦夷たちを一カ所に大勢集めて饗応し、物を賜《たまわ》っている。しかも、その土地の神を丁重《ていちょう》に祀《まつ》ったという。

これを「討った」と表現するのは適切ではない。おそらく征服でもない。まるで戦いのあとで協力をねぎらったような感じなのである。

しかも『日本書紀』は、このあとさらに「或本《あるふみ》に云はく」とし、越の国守《こくしゅ》でもあった阿倍引田臣比羅夫《ひきたのおみひらふ》（阿倍比羅夫）が、粛慎《しゅくしん》（みしはせ。最北に住む蝦夷とする説もあるが、中国東北地方とロシア沿岸部の住民と思われる）と戦って帰ってきて、捕虜四十九人を献上したとある。

阿倍臣が戦ったのは蝦夷ではなく、粛慎であり、海賊行為で日本海沿岸部を襲ってきたところを捕らえたのだろう。蝦夷は自分たちの土地の治安を守ってくれる阿倍臣に協力し、感謝したのにちがいない。

にもかかわらず、これまで通説は、「阿倍臣は蝦夷を討った」と頑《かたく》なに主張してきた。「捕虜を連れてきて唐に連行するためだった」というのだ。「天皇に入貢《にゅうこう》する蝦夷を唐に見せつけるためだ」という。実際に、この直後の記事で、遣唐使船に男女二名の蝦夷を乗せ、唐の天子に見せているからだ。

しかし、じつに怪しい。阿倍臣の軍隊と蝦夷の具体的な戦闘シーンはなく、蝦夷たちは「阿倍」が登場すると、抵抗することなく、素直に恭順している。

斉明六年（六六〇）三月の遠征では、渡嶋《わたりのしま》（北海道渡島《おしま》か、あるいは東北の日本海側）の蝦夷たちが営所を造り、粛慎の攻撃を警戒している。そのうちの二人が、急に叫んで、「粛慎の船がたくさんやってきて、私たちを殺そうとしています」と、阿倍臣に救いを求めた。阿倍臣は粛慎を成敗《せいばい》しているが、こちらの経緯は詳しく述べられている。実際にあった戦闘なのだろう。

高橋富雄《たかはしとみお》も、阿倍臣らの行動は中央政権の企《くわだ》てた「蝦夷征討」ではないと主張している。越国の長として、粛慎の脅威を打ち払ったにすぎないという（『蝦夷』吉川弘文館）。そのとおりだと思う。

持ちつ持たれつのヤマトと東国

関東に発展をもたらしたのはヤマトで、だから古代の関東の民は、ヤマトに柔順だったし、協力的だった。

もちろん、朝廷も関東の軍事力を大いに当てにした。たとえば、奈良時代の中衛府《ちゅうえふ》の舎人《とねり》は「東舎人《あづま》」と呼ばれたが、大伴家持《おおとものやかもち》も『万葉集《まんようしゅう》』の中で、東国の人びとの勇猛果敢なことを称賛している。

その「防人《さきもり》の悲別《かなしきわかれ》の心を追ひて痛み、作る歌一首」（防人の家族との別れを悲しむ心をのちに思いやって作った歌　巻二十　四三三一）の中に、次の一節がある。


「鶏《とり》が鳴く　東男《あづまをのこ》は　出《い》で向かひ　顧《かへり》みせずて　勇みたる　猛《たけ》き軍士《いくさ》と　ねぎたまひ」

（鶏が鳴く東の男は、敵に向かって顧みず、勇猛果敢な兵士と褒《ほ》めいたわられ）


東国の男たちが強い兵士だったことを称《たた》えている。

また、聖武天皇も彼らを絶賛している。『続日本紀』神護景雲《じんごけいうん》三年（七六九）十月条の記事が興味深い。称徳《しょうとく》天皇（女帝）が父の聖武《しょうむ》天皇の言葉を引用している場面だ。

「朕《われ》が東人《あづまひと》に刀《たち》を授けて侍《はべ》らしているのは、あなた（称徳）を護《まも》ってもらいたいという気持ちからだ。東人は常に『額《ひたい》に矢が立とうとも、背には矢は立たない』（戦いになれば、前を向き、絶対に背を向けて逃げない）といい、死を恐れずに君（天皇）と心をひとつにして守るものだ。その心を知って、東人を使いなさい」

王家が東国の兵士に全幅の信頼を寄せていたことがわかる。

ところが、ここから先、朝廷は東国そのものを警戒していくようになる。もっともわかりやすい例は、三関固守《さんげんこしゅ》だろう。天皇や皇族が亡くなった時や、都で不穏《ふおん》な事態が勃発《ぼっぱつ》すると、東に抜ける三つの関を閉鎖し、謀反人《むほんにん》が東に逃げて、東の不満分子と結託《けったく》して蜂起《ほうき》することを防いだ。

前にも述べたとおり、三関は伊勢国鈴鹿、美濃国不破、越前国愛発で、最初の三関固守の記録は、『続日本紀』養老《ようろう》五年（七二一）十二月七日条の元明太上天皇《げんめいだいじょう》が崩御されたときのものだ。その後もことあるたびに三関は閉められ、平安時代に至って政権が安定すると、三関固守は儀礼化していった。

なぜ、八世紀以降の政権がしばらく東国を恐れたかというと、その原因のひとつは、壬申の乱（六七二）がトラウマになったからだろう。大海人皇子が近江朝を敵に回し、わずかな手勢で東国に逃れただけで、東国（この場合、関の東側で、尾張《おわり》や美濃を含んでいる）の軍団を味方に着け、近江朝を滅ぼしてしまった。

東国の軍団は、それほど強かったし、助けを求める皇族を放っておけなかったのだ（なぜ東国が大海人皇子に加勢したかについては、もうひとつ別の理由がある。のちほど触れる）。

彼らは逞《たくま》しく、頼りになり、ヤマト政権は大いにその力を活用したが、一方でそのパワーを謀反人に利用されることを恐れることとなった。

やがて、朝廷と東の関係は次第に険悪なものとなっていく。

きっかけをつくったのは、政権側だと思う。八世紀の初頭の時点で、それを潰《つぶ》す方向に舵《かじ》を切っていたのである。平城京遷都直前、和銅《わどう》二年（七〇九）三月六日の『続日本紀《しょくにほんぎ》』記事にあるように、東北の蝦夷を本格的に攻めはじめるようになっていく。

「陸奥・越後《えちご》二国の蝦夷には抱き続ける野心があって、馴《な》らすことはむずかしい。しばしば良民に危害を加えている。そこで使いを遣《つか》わして、遠江《とおとうみ》、駿河《するが》、甲斐《かい》、信濃、上野、越前、越中などの国から徴兵させた」

また陸奥鎮東《ちんとう》将軍と征《せい》越後蝦夷将軍を任命し、両道（東山道と北陸道）から征討は始まったという。ここから平安時代につづく泥沼の東北遠征が本格化した。しかも、東北にさし向けられた軍団の中には、多くの関東の民が含まれていた。いわば同士討《う》ちだ。これがのちに大きな意味を持ってくる。

それにしても、なぜ朝廷は東北を突然敵視しはじめるのだろう。くどいようだが、この直前まで、朝廷と東北地方はむしろ良好な関係を保っていたからで、これはどうにも不審《ふしん》だ。敵視の対象には日本海側の越後に住む蝦夷も含まれているが、この前年、越後国（新潟県）は新たに出羽《でわ》国（山形県と秋田県の大半）を建てたいと申し出て、許されている。これが何を意味しているかといえば、越後国が出羽の地域を朝廷の領域に組み入れることを手伝っていたことを示している。ここにきな臭さは感じられない。

ところが朝廷側は、一方的に「出羽柵《でわのき》」（山形県庄内《しょうない》地方に造られた城柵）を設け、諸国の兵器を運び込んでいる。そして和銅七年（七一四）以降、尾張、上野、信濃、越後、越前、東海道、東山道、北陸道の各地から移住者が送り込まれ、その数は一三〇〇戸に及んでいる。

さて、『続日本紀』は、ことあるたびに蝦夷たちの野蛮なさまを強調し、問題視するが、これは本当だろうか。

なぜ、ここにこだわるかというと、深い事情がある。

ヤマト建国から七世紀に至るまで、関東はヤマト政権の働きかけで発展し、だからこそ関東の人びとはヤマト政権に感謝し、ヤマト政権の貴重な軍事力となって、勇猛果敢に戦ったのだ。この点、関東の支配層や民は非常に忠実で、ヤマトの王家に従属していた。しかし、関東が実力をつけすぎたために、脅威に感じる人びとも現われた。その背景を説明しておこう。

さて、上毛野氏の祖は崇神《すじん》天皇の子（トヨキイリヒコ）とされる。この皇子が関東に統治に向かうはずだったのだが、途中で病没し、それを嘆き悲しんだ関東の民が、皇子の遺骸を自分たちのところまで運んでいったという話が『日本書紀』にある。

今では、上毛野氏の祖と王家の血がつながっていたという話は虚構と考えられるようになっている。それでも、関東の民の「王家に対する憧《あこが》れ」は否定できない。

この忠誠心の理由を史学界はいくつも考えている。東国の国造《くにのみやつこ》の多くが組織化されていたことが、まずあげられる。王の名や宮の名を負《お》った地方の伴造《とものみやつこ》が多かったのだ。しかも、関東の国造や郡司《ぐんじ》の子弟や子女が、舎人や采女となって朝廷に出仕し、王の身の回りの警護や世話をしていた。この点、王家と関東の支配層のつながりは強固だった。

また東国の首長は、貢納品を調達し、ヤマトに調《ちょう》（みつぎ）として献上することを義務づけられ、さらに、これが服属儀礼の意味合いも込められ、人びとの精神に焼き付けられ、長い年月とともに政権に従属する気持ちが育て上げられたという指摘も無視できない。

ヤマト建国から五世紀半ばまで、ヤマトの王家は祭司王の役割を与えられ、実権を握っていたわけではなかった（なぜ力のない王家が生まれたのかに関しては、他の拙著を参照していただきたい）。王家は、「どちらかというと敗れた側」（拙著『神武天皇 vs. 卑弥呼』新潮新書）であり、三～四世紀の段階で主導権を握っていたわけではなかったが、「東の力」を活用することで、少しずつ相対的な力をつけようとした気配がある。ちなみに黎明期のヤマト政権は、「ヤマト→瀬戸内海→北部九州→朝鮮半島」とつながる西側の流通と軍事のメインストリートを掌握することで力を得ていた。

その一方、五世紀に向けて急速に発展していった関東は、ヤマトの王家と手を組むことによって、「未開の地」のレッテルから解放され、「王家のお墨付き」という権威を獲得する利点があった。

王家と関東は、かつては弱かった者同士が手を結び、五世紀後半から七世紀にかけての繁栄を手に入れた特別な関係と見なすことも可能なのだ。関東が王家に忠実なのは、むしろ当然のことだったといえる。

なぜ豹変《ひょうへん》したのか

本来、関東はヤマト政権やヤマトの王家に従順だった。ところが、このあと、中央政権の言うことを聞かなくなるのだ。

すでに八世紀、朝廷は東国の軍団が立ちあがることを恐れていたが、これは、都で謀反を起こし、東国の軍団を当てにする者が現われることを前提にしていた。それが九世紀に至ると、関東の民それ自体が暴徒化していく。朝廷のコントロールが、まったく効《き》かなくなってしまったのだ。

最大の原因は、八世紀前半から九世紀末にかけ、「蝦夷征討」を終わらせたあと、降服し、恭順してきた蝦夷たちを、各地（関東のみならず、瀬戸内《せとうち》や九州にも）に移送したことに求められる。東北の力を削《そ》ぎ、分割統治する目的だ。彼らを「俘囚《ふしゅう》」と呼んでいる。

朝廷は、手強い彼らを、警察や軍事力として利用できないかと目論《もくろ》んだ。しかし、これが大きな誤算だった。

承和《じょうわ》十五年（八四八）、上総国《かずさ》（千葉県房総《ぼうそう》半島南部）で、丸子廻毛《まりこのつむじ》が反逆した。貞観《じょうがん》十二年（八七〇）にも、上総国の俘囚が野心を抱き、武装して民家を襲い、焼き、財物を奪った。もちろん朝廷は取り締まり、その上で、「優恤《ゆうじゆつ》を加えるように」（生活の面倒をみるように）と、教え諭《さと》した。その五年後、今度は下総国《しもうさ》で俘囚が暴れている。官寺を焼き、住民を殺し、掠奪《りゃくだつ》した。これらの動乱を、朝廷は「俘虜《ふりょ》の怨乱《おんらん》」と呼んだ。

俘囚の活躍に触発されたのか、徒党を組み、悪さをする者が、あとを絶たなくなった。貧乏人が盗みを働くようなレベルの話ではない。土地の有力者が農民たちをかき集め、地域ぐるみの武装集団を組織したのだ。じつにたちが悪い。これを「群党《ぐんとう》」と呼んでいる。

なぜ、天皇家に忠実だった関東が、ここまで豹変《ひょうへん》してしまったのだろう。

そう考えると、関東の離反のピークは、平将門《たいらのまさかど》の出現だったかもしれない。

平氏や源氏は、この土地の混乱を鎮圧するために送り込まれた。しかし、関東の荒くれどもをまとめあげたはいいものの、平将門は自ら「新皇《しんのう》」を名乗り、関東独立を目論んでしまったのだ。これが、十世紀前半に勃発した平将門の乱である。

川尻秋生《かわじりあきお》は『古代の東国2 飛鳥・奈良時代』(吉川弘文館)の中で、次のように指摘している。

「王権に対する『従属』と『自立』『敵対』という東国の性格を統一的にどのように理解すればよいのか、いまだに決着をみていない」

これが、関東の古代史をめぐる最大の謎だ。

しかし、答えは意外に簡単なように思う。関東の「実力」「軍事力」におびえた朝廷が、東北に関東の軍団をさし向け、「夷《い》をもって夷を制す策」によって、関東の弱体化を目論んだようなのだ。そして、そのカラクリを熟知していた関東の民が、朝廷に反旗を翻《ひるがえ》した可能性が高い。その真相を、関東の神社と豪族・氏族たちの姿を追うことで説き明かしていこう。

第一章　ヤマトタケル伝説と海人《あま》族の足跡

つくられた四道《しどう》将軍の派遣伝承

ヤマト建国の直前、関東への文物は越からもたらされた。建国ののち、東海地方の土器や文物が流れはじめ、南部関東のみならず、河川を利用して内陸部まで浸透していくが、やがて東海地方を飛び越え、畿内からつながるルートに変わっていく。そして、神奈川県と千葉県南部の発展が始まった。

神奈川県には、縄文の信仰を匂わす大山阿夫利《おおやまあふり》神社(伊勢原《いせはら》市)が鎮座《ちんざ》するが、東の三浦《みうら》半島に目を転じると、ヤマトタケル伝承で有名な走水《はしりみず》神社(横須賀《よこすか》市)が祀られる。そして、ヤマトタケルはここから海に漕《こ》ぎ出し、対岸の房総《ぼうそう》半島に渡っていった。

これは古代の実際のルートで、現在の東京を通過する陸路には無数の河川や谷があったから、それらをひとつずつ越えていくより、海路を用いるほうが無難である。この南側から入る海の道が利用されたこと、都から見て近い側が「上」、遠い側が「下」という原則が当てはめられて、房総半島南部が上総国、北部が下総国という名が生まれた。

ちなみに北関東の場合、越(日本海側)から信濃川(千曲《ちくま》川)を下るか東山道を使い、そのあと陸路で碓氷峠(のちの時代には、東山道が整備されたが)を越えて関東平野に入った。だから、西側の群馬県が上毛野国（のちに「毛」を略して上野国）、栃木県が下毛野国（下野国）になった。

関東南部（神奈川県と千葉県）の古代史に話を戻そう。

『日本書紀』や『古事記』の東国の歴史は、将軍の派遣から始まる。

『日本書紀』崇神十年九月条には、ヤマトから各地に、オオビコ、タケヌナカワワケ、キビツヒコ、タニハノミチヌシという四人の将軍が「四方の道」に遣わされたとある。いわゆる「四道《しどう》将軍」だ。

「崇神天皇はオオビコを北陸（くぬがのみち）に、タケヌナカワワケを東海（うみつみち）に、キビツヒコを西道（にしつみち＝山陽道）に遣わし、タニハノミチヌシを丹波（たには＝山陰道）に遣わした。そして詔《みことのり》して、次のように述べられた。

『もし教化に従わない者がいれば、兵を挙《あ》げて伐《う》て』

四人それぞれに印綬《いんじゅ》（官職を表わす「印」と、それを吊すヒモ「綬」）を授けて、将軍とした」

四道将軍の横顔を簡単に見ておこう。

・オオビコ――『日本書紀』の表記は大彦命《みこと》、『古事記』は大毘古命。孝元天皇の皇子、開化《かいか》天皇の兄。

・タケヌナカワワケ――『日本書紀』の表記は武渟川別命、『古事記』は建沼河別命。また『古事記』には、オオビコの子とある。

・キビツヒコ――吉備津彦命。またの名を彦五十狭芹彦命《ひこいさせりびこのみこと》。孝霊《こうれい》天皇の皇子。箸墓古墳の被葬者《ひそうしゃ》と伝わるヤマトトトビモモソヒメ（倭迹迹日百襲姫命）の弟。

・タニハノミチヌシ――丹波道主命。開化天皇の孫、ヒコイマス（『日本書紀』の表記は彦坐王、『古事記』は日子坐王）の子。

このように全員が天皇の子か孫で、「将軍」の古い訓《よ》みは「いくさのきみ」である。のちに天皇の子孫から源氏《げんじ》や平家《へいけ》が発生したのを先取りしていたかのようだ。

天皇と東国にまつわる子孫の系図

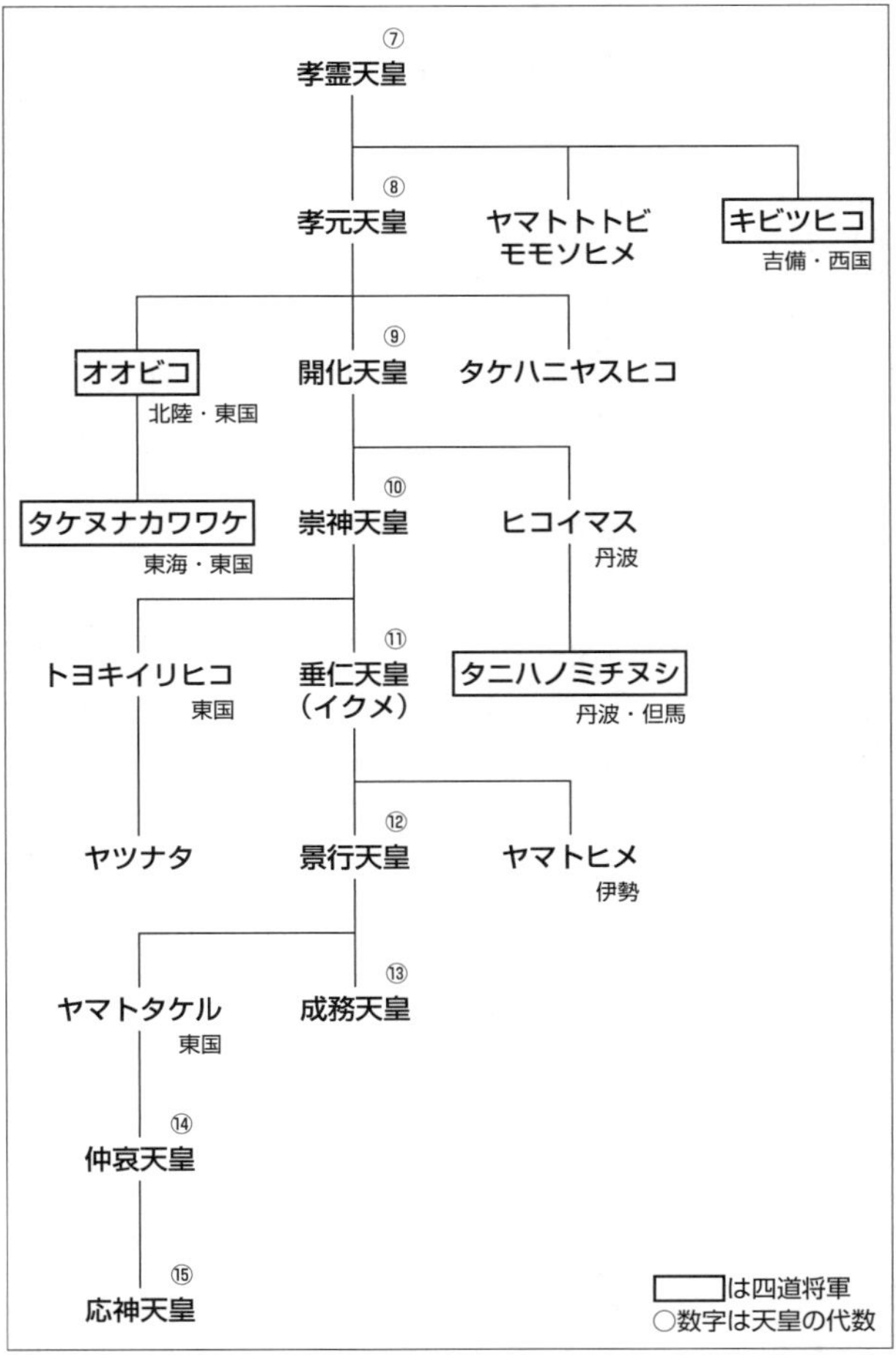

ただし、四道将軍派遣の詔の直後、タケハニヤスヒコ（武埴安彦、孝元《こうげん》天皇の皇子）の謀反事件が起き、さらに、オオモノヌシ（大物主神）の妻となったヤマトトトビモモソヒメが亡くなるなど、めまぐるしく記事は続き、将軍たちの派遣は持ちこされる。改めて派遣の詔《みことのり》が出されたのは翌月だった。


「（崇神十年）冬十月、崇神天皇は群臣に向かって詔した。

『今、背《そむ》いた者（タケハニヤスヒコら）はことごとく誅《つみ》に伏し、畿内は平安だ。ただし、畿外の荒ぶる者たちが騒いでいる。よって、四道将軍たちは、ただちに出立《しゅったつ》するように』

と述べられた。

崇神十一年夏四月、四道将軍は、戎夷《ひな》を平定《へいてい》したことを奏上した。この年、多くの異国の人びとも朝廷に帰順してきて、国は安寧《あんねい》だった」


国に安寧をもたらした崇神天皇が、国力の土台となる人民の掌握《しょうあく》をし、ようやく天下統一を果たしたというのが、『日本書紀』の見立てである。

「崇神十二年秋九月、はじめて人民の戸籍を調査し、調役《みつきえだち》（課役《かえき》）を科した。こうして天神地祇《てんじんちぎ》はともに和《やわ》らぎ、天候も穏《おだ》やかで、穀物がよく稔った。人びとは豊かになり、天下は太平となった。そこで天皇を讃《たた》えて、『御肇国天皇《はつくにしらすすめらみこと》』（国のはじめを治められた天皇）と申し上げた」

一方、『古事記』には、四道将軍は出てこない。

その代わり、オオビコを高志道《こしのみち》（越、北陸）に、その子のタケヌナカワワケを東海地方にそれぞれ遣わして、まつろわぬ者たちを平定したとある。東海と北陸を進んだ親子二人は、陸奥国・相津《あいづ》（福島県会津若松市《あいづわかまつ》付近）で東西から落ちあったという。相進んで出会ったところだから相津（会津）だ。

また、ヒコイマスを旦波国《タニハ》（丹波国）に遣わし、クガミミノミカサ（玖賀耳之御笠、出自は不明）を殺させた。この結果、天下は平定された。人びとは崇神を称え、「所知初国之御真木天皇《はつくにしらししみまきてんのう》」と呼んだとある。

ちなみに、四世紀ごろ、東北地方南部に前方後円墳は伝わっているが、会津若松市付近がこの時代の前方後円墳分布域のほぼ北限で、『古事記』の記事がまったくのデタラメではなかったことはわかっている。

ただし、これら四道将軍が具体的にどのような戦いをしたのか、記述はない。第十代崇神天皇は実在の初代王で、三世紀後半から四世紀にかけての在位と思われる。すでに述べてきたように、当時の東国で征服戦の痕跡はなく、ヤマトで生まれた新たな埋葬文化（前方後円墳）を各地の首長が受け入れて、ゆるやかな連合が生まれたのだから、将軍たちの活躍は割引いて読む必要がある。

ヤマト政権そのものが、「強い王を忌みきらう地域（銅鐸文化圏）の人びとが中心となって成立した」こと、さらに、関東に文物を流し続けた東海地方からもたらされた土器が、奈良県にある纒向遺跡の外来系土器の約半数を占めていたわけだから、「四道将軍が関東をブルドーザーのようにならし、東北に向かった」とは、考えられないのである。

平定《へいてい》した東で崇拝されるヤマトタケル

五世紀後半の雄略《ゆうりやく》天皇（倭王武《ぶ》）が中国の宋《そう》に爵位を求めるに際し、次の上表文《じょうひょうぶん》を奉《たてまつ》っている。『宋書《そうじょ》』倭国伝、順帝《じゅんてい》の昇明《しょうめい》二年（四七八）の記事だ。

「倭国は辺境の地にあって、（宋の）皇帝陛下の藩屏《はんぺい》（王家を守る外壁）となっております。われらの先祖は自ら甲冑《かっちゅう》を着込み、讃《さん》（倭の五王の初代）が各地を歩き、平定し、休むヒマもありませんでした。東の毛人《えみし》（蝦夷）を征すること五十五国、西の衆夷《しゅうい》（熊襲《くまそ》か）を服すること六十六国、海を渡って朝鮮半島を平らげること九十五国。こうして皇帝の徳が行きわたり、支配が僻遠《へきえん》の地までおよぶようになりました。代々中国を崇め、朝貢してまいりました」

この一節は、「倭王が中国皇帝のためにどれほど働いたか」をアピールしているのだが、誇張に満ちている。

第一に、ヤマト黎明期の王は祭司王《さいしおう》だった。しかも、くどいようだが、ヤマト政権は強大な力による征服戦によって成立したのではなく、むしろ「強い王を望まない人たちが寄り添って国をまとめ上げた」のが実態だ。雄略天皇の代になって、ようやく強い王（あるいは、強くなろうと、もがいた王）が出現したのであって、王自らが甲冑を着込んで、強い王として遠征にかけずり回ったという話は、ほぼ作り話と考えるほかはない。

けれども、「英雄としての王」という物語は必要とされたのだろう。ヤマトタケル（『日本書紀』の表記は日本武尊、『古事記』は倭建命）や父親の第十二代景行天皇は、自ら方々を遠征して歩いたと『日本書紀』や『古事記』はいう。

そこで注目してみたいのは、なぜ遠征する英雄の物語が編み出されたのかだ。関東の古代史を知る上でも、その象徴的英雄であるヤマトタケルは無視できない。

ヤマトタケルは、九州で熊襲《くまそ》を「成敗」したあと、東国を平定して回っている。それなのに、なぜか西国ではなく、東国で人気が高いのだ。平定された側が英雄視している。これはいったい、どういうことだろう。

しかも、関東の各地にヤマトタケルの足跡が残されている。

ヤマトタケルを祀る代表的な神社を掲《かか》げておこう。寒田《さむた》神社（神奈川県足柄上《あしがらかみ》郡松田《まつだ》町）、

走水神社、八剱八幡神社《やつるぎはちまん》（千葉県木更津市《きさらづ》）、吉田神社《よしだ》（茨城県水戸市《みと》）、大鳥神社《おおとり》（東京都目黒区《めぐろ》）、鳥越神社《とりこえ》（東京都台東区）、三峯神社《みつみね》（埼玉県秩父市《ちちぶ》）、高椅神社《たかはし》（栃木県小山市《おやま》）、武尊神社《ほたか》（群馬県沼田市《ぬまた》）などだ。

これだけの神社が現存していることからも、ヤマトタケルが関東一円で長く崇拝されてきたことがわかる。

その人気の理由を考えるためにも、ヤマトタケルの活躍を『日本書紀』の記事から拾ってみよう。

景行二十七年冬十月、景行天皇の皇子であるヤマトタケルは、九州の「熊襲征討」を命じられ、翌年ヤマトに凱旋《がいせん》する。そして景行四十年秋七月、天皇は群臣に詔して、

「東国は不穏で、暴神《あらぶるかみ》がいっぱいいる。また蝦夷はことごとく背き、人民から略奪している。誰を遣わして平定すればよいだろう」

と問いかけた。するとヤマトタケルが、

「私は西を鎮圧し、疲れております。兄のオオウス（大碓皇子）の仕事です」

と申し上げたところ、怯《おび》えた兄は逃げてしまった。オオウスに使者を送って連れ帰り、美濃の国を治めさせた（身毛津君《むけつのきみ》や守君《もりのきみ》の祖になった）。

そこでヤマトタケルは、自ら東国に出向いて平定してくると名乗り出た。景行天皇は、ヤマトタケルに吉備武彦《きびのたけひこ》（吉備氏の祖）と大伴武日連《おおとものたけひのむらじ》（大伴氏の祖。『古事記』には同行したとは出てこない）を添えて送り出した。

ヤマトタケルは伊勢神宮で神を拝み、ヤマトヒメ（倭姫命、ヤマトタケルの叔母）から草薙《くさなぎの》剣《つるぎ》を授けられ、東に向かう。

途中駿河《するが》（静岡県中部）で、土地の賊が偽って恭順したふりをして、

「この野に、鹿がいっぱいおります。吐く息は朝霧のようで、鹿の足は茂った林のようです。すぐにでも狩りをなさい」

と言った。ヤマトタケルは信じ、野の中で狩りをした。賊はかねてからヤマトタケルの命を狙っていて、野に火を放った。気付いたヤマトタケルは、自らも火を起こし、賊の火を迎え撃《う》って助かった。そこで、この土地を焼津《やきつ》（静岡県焼津《やいづ》市）と呼ぶようになった。

東京湾沿岸に広がるオトタチバナヒメの伝承

焼津と草薙剣の話に続いて、『日本書紀』に次の話が載る。

「相模（神奈川県）から上総（千葉県南部）に渡る時、ヤマトタケルは言霊《ことだま》の力を発揮しようと考え、言上《ことあ》げした。

『これは小さな海だ。飛び越えて渡れるだろう！』

そこで漕ぎ出したが、嵐に見舞われ、立ち往生してしまった（ヤマトタケルの言上げが海神を怒らせてしまったのである）。

そのとき付き従ってきた妾《みめ》にオトタチバナヒメ（弟橘姫）がいた。穂積氏忍山宿禰《ほづみうじおしやまのすくね》の娘

である。オトタチバナヒメはヤマトタケルに、

『風が起き、波が強く、船が沈もうとしています。これは、海神の気持ちでしょう。私の命をもって王《みこ》（ヤマトタケル）の罪を贖《あがな》って海に入りましょう』

と言うと、波間に消えていった。そのおかげで暴風雨は止み、一行は対岸に着くことができた。時の人はここを、「馳水《はしりみず》」（神奈川県横須賀市走水）と呼ぶようになった」

この物語のヒロイン、進んで人身御供《ひとみごくう》となったオトタチバナヒメの正体は明らかではない。オトタチバナヒメが実名かどうかも心許《こころもと》ない。

ただし、『常陸国風土記』行方郡の段にヤマトタケルの皇后として「大橘比売命《おおたちばなのひめのみこと》」の名が挙がる。同じ「タチバナヒメ」の名を持つ両者の関係が疑われる。同一人物だろうか、それとも「弟」は「若い」、「大」は「年長」をそれぞれ示しており、姉妹だろうか。

『日本書紀』景行五十一年条の最後に、ヤマトタケルの后妃《こうひ》と子が記されている。妃《みめ》として、両道入姫皇女《ふたじのいりびめのひめみこ》（垂仁天皇の娘）、吉備穴戸武媛《きびのあなとのたけるひめ》（吉備武彦の娘）、そしてオトタチバナの三人の名を挙げる。オトタチバナヒメの父親は穂積氏忍山宿禰とあるが、穂積氏は

物部氏と同族だ。この記事が正しければ、ヤマトタケルの嫁取りは、「皇族」と「吉備」と「物部」からということになり、ここに大きな意味が隠されていると思う。

不可解なのは、尾張氏出身のミヤズヒメ（宮簀媛）が、『日本書紀』の后妃の例に入れられていないことだろう。その直前には、伊吹山《いぶきやま》に向かう直前のヤマトタケルが、尾張で娶《めと》ったミヤズヒメの家に草薙剣を忘れてしまう話を載せているにもかかわらず、である（その後、草薙剣は尾張氏の奉斎する熱田《あつた》神宮に納められる）。子を生まなかったからだろうか。

ちなみに、尾張氏は「ミヤズヒメが尾張氏の祖」と主張していて、女性が氏族を代表する祖に祀りあげられていること、夫の名が明らかになっていないことも引っかかるが、その考察については機会を改めたい。

話を走水のヤマトタケルに戻そう。『古事記』には『日本書紀』にはない説話が付け加えられている。

「（入水の）七日後、后《きさき》（オトタチバナ）の御櫛《みくし》が海辺に流れ着いた（どこに流れ着いたかは書かれていない）。その櫛を拾い上げ、御陵《みはか》を造って納めた」

七日も後のことであるから、櫛を拾ったのは、ヤマトタケルの一行ではなく、地元の人だろう。

ヤマトタケルを祀る走水神社は、三浦半島のほぼ東端、航路の要衝《ようしょう》にあり、近くに観音《かんのん》埼《ざき》灯台が設置されている。

かつて明治政府は、海峡を狙い澄ますことができるこの岬に、最初の西洋式砲台群を設置している。東京湾に侵入し、横須賀軍港を脅《おびや》かす敵軍艦を沈めるためだ。旧陸軍が九つの砲台を据えた。ちなみに、日清日露戦争に際し、臨戦態勢をとったが、結局実戦で砲火を交えることはなく、大正時代には使われなくなった。その跡は史跡公園となってしっかり残されている。地政学上の要衝というものは、古代も今もあまり変わらない。

走水神社の祭神はヤマトタケルだが、砲台建設に際し、近くの旗山《はたやま》（御所ヶ崎《ごしょがさき》）に祀られていたオトタチバナヒメが合祀《ごうし》された。御神体《ごしんたい》（ヤマトタケルから授けられた冠）は石の櫃《ひつ》に納めて土の中に埋めてあるという。

また、境内摂社《せっしゃ》の須賀《すが》神社にスサノヲも祀られる。ヤマトタケルの東征に際し、多くの人

説話のクライマックス——走水《はしりみず》

走水神社の境内から望む浦賀水道

神社裏山に須賀神社の祠が…

旗山（御所ヶ崎）。この沖でオトタチバナヒメが入水したと伝わる

ようだ。

が疫病で亡くなり、弔《とむら》ったのが由来という。スサノヲは疫神退治の神として祀られている

東京湾沿岸部には、ここで入水したオトタチバナヒメを祀る神社が散見できる。代表的なものは対岸の房総半島にある橘《たちばな》神社（現在の表記は橘樹《たちばな》神社、千葉県茂原《もばら》市）で、ヤマトタケル遭難の七日後、浜辺に打ち寄せられたオトタチバナヒメの櫛をここに埋め、墓を造り、橘の樹を植え、その霊《みたま》を弔ったという。神社の裏手に、高さ約一〇メートル、周囲約一七〇メートルの古墳がある。神社はこの古墳を祀っている。

ただし、墓が本当にオトタチバナヒメのものかどうか、確かめようがない。オトタチバナヒメのものでなければ誰のものかという疑問も出てくるが、櫛が埋められた場所としては、ずいぶん内陸である。いずれにせよ、ヤマトタケル東征そのものが「神話的」と見なされ、ほとんど研究対象として取り上げられていないのが実情だ。

東京都にもオトタチバナヒメの伝承が残る。それが寄木《よりき》神社（品川区東品川）だ。主祭神は、ヤマトタケルとオトタチバナヒメの二柱。嵐で壊れた船の木材（御衣《みそ》とする伝承もある）がこの地に流れ着き、土地の人間はオトタチバナヒメの神霊を勧請《かんじょう》して祀った。かつて寄

オトタチバナヒメ入水《じゆすい》伝承の地

橘樹神社本殿の裏山は、オトタチバナヒメの御陵と伝わる

御陵の土を掘ったあとが吾妻池になったという（橘樹神社の境内）

船の木材が流れ着いた寄木神社

お付の人が流れ着いた蘇我比咩神社

木明神社《みょうじんしゃ》と呼ばれていた当社には、源　義家《みなもとのよしいえ》が「奥州征討」に向かう途中に立ち寄り、神社の由来を漁民に聞いて戦勝祈願をしている。そして「征討」の帰路、兜《かぶと》を奉納したことで、ここを兜島《かぶとじま》と呼ぶようになったという。

流れ着いたのは、櫛や船の木材だけではない。オトタチバナヒメとともに入水した女性も流れ着いている。

ＪＲ東日本の京葉線《けいようせん》の終点の駅は蘇我《そが》駅で、「千葉の蘇我駅は古代の蘇我氏と関係はあるのか」という質問をよく受けるが、もちろん、大いに関係あり、である。なぜ関東の地に蘇我の地名が残ったかというと、ヤマトタケルの東征に蘇我氏出身の姫が同行したと伝わっているからだ。

神社の伝承によると、オトタチバナヒメ入水の際、五人の女性も運命をともにした。ところが、一人だけ助かり、浜辺に打ち上げられた。それが「蘇我大臣《おおおみ》」（誰であるかは不明）の娘で、当地の人びとが介抱《かいほう》した結果、息を吹き返し、都に戻った。

その後、ヤマトタケルがヤマト帰還の途次《とじ》、志《こころざし》半ばで亡くなったことを当地の人びとが知り、社を建てて弔った。これが今に続く蘇我比咩《そがひめ》神社（千葉市中央区蘇我）のベースとなる。ただし、現在ヤマトタケルは祀られていないようだ。

また、話を聞いた第十五代応神天皇（ヤマトタケルの孫）は、この地に蘇我氏を派遣し、国造に任じたという。

実際に四～五世紀に蘇我氏がこの地にやってきたかどうかは定かではないが、蘇我の神社と地名が残ったのは事実で、その理由のひとつがヤマトタケルとのかかわりということになる。もちろん、多くの史学者はヤマトタケル関連のこの話を重視しているわけではない。

しかし、やや時代が下って六世紀以降になると、蘇我氏が上総一帯に勢力圏を拡大していたようだ。こちらの「千葉の蘇我」については後述する。

関東の西の端に残るヤマトタケル伝承

もう少し「相模（神奈川県）のヤマトタケル」についても見ておこう。

相模国一之宮は寒川《さむかわ》神社（神奈川県高座《こうざ》郡寒川町）で、八方除《よ》けの霊験《れいげん》あらたかな神社として名を馳《は》せている。八つの方位のうち、凶方位からもたらされる災厄《さいやく》を取り除くことができるという。八方すべてが凶方位になると「八方塞《ふさ》がり」になる。

寒川神社の祭神は、土地の開拓神である寒川比古命《さむかわひこのみこと》と寒川比売命《ひめ》で、相模川の脇（古くは河口の東側）の微高地《びこうち》に鎮座し、暴れ川を鎮《しず》め、交通の要衝に睨《にら》みをきかす神でもあった。

また、ここから見た春分・秋分の日の太陽は富士山に沈み、冬至の夕日は神奈川県を代表する霊山大山《おおやま》（標高一二五二メートル、大山阿夫利神社を祀る）に沈んだ。これは偶然ではなく、きちんと測量し、計算した結果、寒川神社は必然性をもってこの場所に鎮座するのだ。

寒川神社は相武《さがむ》（相模）国造の宗社《そうしゃ》（先祖の御霊を祀った社）と考えられている。『続日本紀』に「寒河神」「寒川神」と記録されているが、『日本書紀』には登場しない。興味深いのは、全国の一之宮を見渡してみて、ほとんどが『古事記』や『日本書紀』に登場する「名のある神」なのに対し、寒川神社の祭神が土着の無名の開拓神だったことで、これは例外中の例外なのだ。

『古事記』によると、焼津でヤマトタケルをだまし討ちしようとしたのは、この相武国造である。彼らはヤマトタケルの「東征」を聞きつけ、領地の外（駿河）まで出てきたのだろうか。それとも、焼津は相模国内にあったのか、真相はわからない。

いずれにせよ、相模の地はヤマトと相性が悪かったのだろう。ヤマト文化の象徴でもある巨大な前方後円墳は造営されていない。全長一二〇メートルを越える前方後円墳は、茨城県に三基、栃木県に一基、群馬県に十基、埼玉県三基、千葉県四基だが、意外なことに神奈川県はひとつも無い。

古墳時代の始まりの時期まで、文物は西側から神奈川県の三浦半島を通過し、房総半島、東京湾、利根川、霞ヶ浦、那珂《なか》川を経由して内陸部にもたらされた。

ところが中期以降、先進の文物は科野《しなの》（信濃、長野県）経由で北関東にもたらされるようになっていく。相模川が北関東に伸びていなかったことは、じつに不幸なことであった。この一帯は東西流通の単なる通過点とみなされ、政権側に軽視され、強くつながりをもたなかったのかもしれない。

『先代旧事本紀《せんだいくじほんぎ》』の「国造本紀《こくぞうほんぎ》」に記された神奈川県の国造は、東部の「相武国造」と西部の「師長《しなが》国造」だが、『古事記』はこれに加えてヤマトタケルの末裔の「鎌倉之別《かまくらのわけ》」を挙げている。「別＝ワケ」は古いカバネ（姓）で、王家から別れて地方に下った人びとに下賜《かし》された。神奈川県東部の鎌倉から三浦半島付近を支配していたようだ。

「鎌倉之別」が実際に三浦半島を支配していたのかどうか、否定的な考えもあるが、埋葬文化は他の二つの地域とまったく異なっている。とくに三浦半島には独自の埋葬文化が展開されている。それが横穴墓《よこあなぼ》の密集で、海蝕洞窟《かいしよくどうくつ》を埋葬のために利用していた。

弥生時代、三浦半島の人々は集落を形成し、海蝕洞窟を主に「作業場」として利用していたようだ。ところが、弥生時代後期末から古墳時代初期にかけて、集落には東海地方から文物が流れ込むとともに、円形だった家の形は一気に方形に変化する。中村勉《なかむらつとむ》は「その変化は在地の継続的な発展とは認めがたい」と指摘している（『シリーズ「遺跡を学ぶ」118 海に生きた弥生人 三浦半島の海蝕洞窟遺跡』新泉社）。そして、海岸の作業場も「埋葬の場」に大きく変貌していったわけである。

このような変化は、海の民のなせるところと思われ、「鎌倉之別」と海の民のかかわりが気になるところだ。海蝕洞窟を利用した横穴墓は房総半島や紀伊《きい》半島にも存在する。その話は、のちに再び触れようと思う。

師長国造が治めた土地と思われる県西部には、ヤマトタケルを祀る神社が目立つ。ちょうど「関東の入口」に二社がある。ひとつは寒田《さむた》神社（足柄上《あしがらかみ》郡松田《まつだ》町）、もうひとつは足柄《あしがら》神社（南足柄市）だ。

「サム」の名を持つ相模《さがみ》の古社

平日も参拝者が絶えない寒川神社

ヤマトタケルの腰掛石。確かに座りやすそうだ（寒田神社）

寒田神社の境内

寒田神社は酒匂《さかわ》川の左岸に鎮座し、社地に栢《かや》や白樫《しらかし》の神木が茂り、「栢の森」と呼ばれていた。

「寒田」と書いて「かんだ」と読むこともあるが、一般的には、「さむた（サム＝聖なる）」と考えられている。寒川神社を「さむかわ」と読むのと同じだ。

主祭神はヤマトタケルで、本殿の脇、柵に囲まれて「日本武尊腰掛石」がある。ヤマトタケルが「東征」の帰り道、ここに立ち寄り、オトタチバナヒメを偲《しの》び、川に神酒《みき》を注ぎ、冥福を祈った。すると、酒は海に下るまで香ったため、酒匂川の名がついたという。

さらに西方には足柄神社が鎮座する。ここも主祭神はヤマトタケルで、『古事記』に足柄のヤマトタケル説話が出てくる。

「ヤマトタケルが荒ぶる蝦夷どもを言向《ことむ》け（言葉で説得して恭順させる）、山河の荒ぶる神どもを平和《やわ》して帰還の途次、足柄の坂本《さかもと》（足柄峠）に至り、食事をしていたところ、坂の神が白い鹿となって傍《かたわ》らに立った。そこでヤマトタケルは、食べ残しの野蒜《のびる》の端を持ち、待ち受けて打ったところ、鹿の目に当たり、殺した。ヤマトタケルはその坂に登り立ち、

（オトタチバナヒメを思って）三度溜息《ためいき》をつき、『あづまはや』（おお、私の妻よ）と言った。そこで、その国を名付けて阿豆麻《あづま》（東）というようになった。

そこを越え、甲斐《かい》に出て、酒折宮《さかおりのみや》（山梨県甲府市）に滞在した時に……」

ところが足柄神社には、『古事記』とは真逆の伝承が残されている。それは、ヤマトタケルが出逢った坂の神（白鹿）がヤマトタケルを救ったというものだ。足柄峠は樹木や草が生い茂り、進むことができなかった。道に迷っていると白鹿が目の前を通り過ぎ、案内をしているように思えたので、その後を着いていくと、峠を無事に越えることができた。ヤマトタケルは白鹿を坂の神（足柄明神《みようじん》）の化身と信じ、丁重に祀ったという。

さきほどの「東国《あづまのくに》」（阿豆麻）の地名説話は『日本書紀』にもあって、舞台は足柄ではなく、信濃になっている。オトタチバナヒメを偲ぶヤマトタケルは、碓日嶺《うすひのみね》（群馬県と長野県の境の碓氷峠）に登り、東南を望んで三度嘆き、「吾嬬《あづま》はや」と言った。そこで、峠の東側の諸国を「吾嬬国」（東国）というようになったという……。

さらにこのあと信濃に入ったヤマトタケルだが、『日本書紀』は、信濃の山の険しさを語

『古事記』と異なる伝承を残す足柄《あしがら》神社

拝殿（左）と本殿（右）

本殿の大工仕事は一見の価値。背面に扉がある

神社の近くから望む矢倉岳。その左側の道を通って峠に向かう

付近には愛らしい道祖神の石仏が多い

足柄街道沿いの公園の中にひっそりとある善能古墳。円墳だが原形をとどめていない

り、杖を突いても登るのは大変で、馬も役に立たないこと、それでも大きな山にチャレンジし、山の中で白い鹿（山の神）に出会い、蒜で鹿を殺してしまった。その後、白い犬に案内され、ヤマトタケルは美濃、尾張へと進むのだった。

「あづまはや」の説話は奇しくも『古事記』と『日本書紀』で、「甲斐──（足柄峠）──相模」と「信濃──（碓氷峠）──北関東」という、関東の二カ所の境界線を表わしていたことになる。

関東の中心にある筑波山《つくばさん》

ヤマトタケルは関東各地に伝承を残すが、『古事記』『日本書紀』どちらにも、「筑波のあたりを通過した」ことが記されている。筑波山《つくばさん》（茨城県つくば市、標高八七七メートル）北側の真壁《まかべ》一帯の複数の神社に、ヤマトタケル伝承が色濃く残されている。

筑波と聞くと、内陸部のイメージが浮かぶが、実際には水運で太平洋側とつながる地域だった。霞ヶ浦が今よりも大きかったことは述べたが、それだけでなく、筑波山の東側と南側まで水辺が迫っていた。

西側も水運を使えた。土浦《つちうら》付近から桜《さくら》川をさかのぼって筑波山麓に出られたし、もう少し西側に目を転じれば、関東平野東部を南北に流れる小貝川（栃木県那須烏山《なすからすやま》市に通じる。下流は利根川）、鬼怒《きぬ》川（栃木県日光市から香取海《かとりのうみ》＝霞ヶ浦につながっていた）が流れる。この二つの河川が走る一帯は、かつて「鳥羽《とば》の淡海《おうみ》」と呼ばれる巨大な湖沼だった。『万葉集』巻九―一七五七に、「筑波山に登ってみると、鳥羽の淡海に白波が立っている様子が見える」と歌われている。

江戸時代、東京湾に流れ込んでいた利根川は東側に移され、鬼怒川と合わさった。ちなみに、鬼怒川はシモツケヌ（下野）から流れ下っていたから、かつては「ケヌガワ」（毛野川）と呼ばれていて、これが「キヌガワ」（絹川、鬼怒川）に変化していった。

現代人の感覚ではわかりにくいが、筑波山は、関東東部の南北を縦断し、太平洋と北関東や東北を結ぶための大切な交通の要衝にあり、しかも、平野の中の単独峰（背後に真壁山が控えるが、南側から望むと、筑波山だけが目立つ）で、山頂部分が二つに分かれ（男体山《なんたいさん》と女体山《にょたいさん》）、霊山、神の山として、敬われ、祀られてきたのだ。だからこそ、筑波山はヤマトタケル伝説の舞台になったのである。

『常陸国風土記』には、筑波の名の由来と、筑波山の信仰や風俗について詳しく述べられて

関東の中心にある筑波山

広重の「名所江戸百景」に描かれた双耳峰の山容。隅田川から見たところ

八幡塚古墳越しに臨む姿も双耳峰

ふもとにある筑波山神社

女体山山頂の眺望。さえぎるものがなく遠くまで見渡せる

いる。

「古老が言うには、筑波の県《あがた》は古くは『紀《き》の国』と呼んでいた。崇神天皇の時代、采女《うねめの》臣《おみ》（ニギハヤヒ＝饒速日命の末裔）の同族である筑簟命《つくばのみこと》が、国造に任命され、遣わされた時、『自身の名を国につけて後世に伝えたいと思う』と言い、元の名を改めて、さらに『筑波《つくは》』というようになった。

古老が言うには、昔、祖神（正体不明）が、神々の場所を訪ね歩き、駿河国の福慈《ふじ》の岳《たけ》（富士山）に至った。日が暮れたので宿を請《こ》うたが、福慈の神には、『今、新嘗《にいなめ》をしていて家の者がこもって潔斎《けつさい》しております。お泊めするわけにはいきません』と、断わられた。

ここに祖神は恨み泣き、呪詛《じゅそ》して、

『親なのになぜ泊めないのだ。これからお前が住む山は、お前が生きている限り、一年中雪や霜が降り、寒さが重なり、人は近寄らず、供物《くもつ》を捧げる者もないだろう』

と言った。

祖神は今度は筑波の岳に登り、宿を請うた。すると筑波の神は『今夜は新嘗をしておりますが、なぜあなたの命令を拒絶できましょう』と述べ、祖神のための食べ物や飲み物をそろえ、拝み、丁重に奉仕した。

そこで、祖神は晴れ晴れとした気分となり、歌われた（歌は省略）。

このため、福慈の岳はいつも雪が降って登ることができず、一方の筑波岳は、人びとが集まり、歌い舞い、飲み食いし、今に至るまで栄えているのである」

このあと、もう少し筑波山の説明が続く。

筑波の西の峰（男体山）は険しく、「雄神《おのかみ》」といって登ることが許されない。一方の東の峰（女体山）は四方が磐石《いわお》だらけで登りにくいが、傍らに泉が流れて年中涸《か》れず、坂（足柄山）から東側（坂東）の諸国の男女は、花の咲く春、紅葉の秋には、手を取り、肩を並べて続々と連れ立ち、食べ物や飲み物を持ち来たり、山によじ登って遊ぶ、というのだ。

最後の一節は、筑波山で行なわれた歌垣《うたがき》の宴楽歌舞《えんがくかぶ》に触れている。

それにしても、「坂東の諸国の男女が筑波山に集まる」というのは本当だろうか。関東平野南部で暮らしてみればわかるが、確かに筑波山は低山ながら、じつに目立つ。

神体山《しんたいさん》（神奈備山《かんなびやま》）には、三輪山《みわやま》（奈良県桜井市《さくらいし》）や三上山《みかみやま》（近江富士《おうみふじ》、滋賀県野洲市《やすし》）のような「お椀《わん》タイプ」と、二上山《ふたかみやま》（奈良県葛城市《かつらぎし》）のような「双耳峰《そうじほう》タイプ」が存在する。筑波山は、まさに後者だ。周囲に山がなく、双耳峰だからこそ、よく目立つ。関東を代表する霊山のひとつといっても過言ではない。西の富士に対抗心を持つ気持ちもよくわかる。

ところで、『常陸国風土記』の記事に従えば、ニギハヤヒの末裔である筑波国造は物部系ということになるが、断定はできない。ただし、筑波国造が筑波山神社を祀っていたことは、間違いあるまい。筑波山の南西側の麓《ふもと》に、六世紀前半の八幡塚古墳《はちまんづかこふん》（墳丘長約九〇メートルの前方後円墳）があり、国造の墳墓と考えられている。古墳のすぐ近くには、廃線になった筑波鉄道の筑波駅跡がある。今も地区の中心で、ここから双耳峰の筑波山の容姿がよく見える。

筑波神社の本来の祭神は「筑波男神と筑波女神」だが、江戸時代になると、「ヤマトタケルとオトタチバナヒメ」、あるいは「イザナギ（伊弉諾尊）とイザナミ（伊弉冉尊）」のペアと、考えられるようになっていく。じつにいい加減だ。筑波の本来の土地の神を大切に守るべきだと思う。

筑波山をめぐる特異な習俗といえば、嬥歌《かがい》を挙げることができる。『万葉集』巻九―一七五九の「筑波嶺《つくはね》に登りて嬥歌会《かがひ》を為《す》る日に作る歌一首」は、まさにその嬥歌会の様子を歌っている。

「鷲《わし》の住む　筑波の山の　裳羽服津《もはきつ》の　その津《つ》の上《うへ》に　率《あども》ひて　娘子壮士《をとめをとこ》の　行き集《つど》ひ　かがふ嬥歌《かがひ》に　人妻《ひとづま》に　我《わ》も交《まじ》はらむ　我《わ》が妻に　人も言問《こと》へ　この山を　うしはく神の　昔より　禁《いさ》めぬ行事《わざ》ぞ　今日《けふ》のみは　めぐしもな見そ　事も咎《とが》むな」

大意は次のようになる。

筑波山の「裳羽服津のその津の上」（不明）に、誘い合い、若い男女が集まり遊ぶ嬥歌会で、私は人妻と交わろう。私の妻にも誰か言い寄っておくれ。この山におられる神が昔から禁じることのない行事だ。だから今日だけは、悪く思わないでおくれ。咎めないでおくれ。

現代風にいえば、「夫婦交換」「乱交パーティ」だが、かつての日本人は性におおらかだったのだ。しかも、これは豊穣を祈願する神事でもあった。

それに、なぜ筑波山に多くの人々が集まって交流したのかといえば、関東平野の中で目立つこと、筑波山が信仰の山だったこと、そして、水運を利用して、方々から人が集まることができたからだろう。

現代人の地理感覚では、つくばエクスプレスが開通するまで、筑波山は関東の僻地《へきち》だったが、古代の筑波山は水運のカナメの位置に立っていたわけであり、「ヤマトタケルがここを通過した」という説話にも納得するのである。

ヤマトタケルの「東征《とうせい》」の正体

かつてヤマトタケル伝説は、ほとんど見向きもされなかった。すべてが神話じみていて、創作にすぎないと考えられていたからだ。しかし近年では、歴史の断片をいくつも散りばめている可能性も、指摘されるようになってきた。考古学の示す関東の発展とヤマトタケルの行動ルートが重なってくる。

たとえば、三浦半島の走水から、陸路ではなく船で房総半島に渡ったが、どちらの領域にも大きな古墳が造営されている。

すでに弥生時代の東京湾の東西は、同一文化圏に属していて、それは盛んに船で往き来していたからだ。三浦半島には、長柄桜山古墳《ながえさくらやま》一号墳、二号墳（逗子《ずし》市、葉山《はやま》町）が造られた。どちらも九〇メートル級で、古墳時代前期後半の相模で最大の前方後円墳だ。周辺で農業を営んでいた痕跡が見つからず、それでも、これだけ大きな墓を造ることができたのは、被葬者が浦賀《うらが》水道の交通を差配することで大きな財を生んでいたからと考えられている。

三浦半島を回って走水から海流に乗って、富津《ふっつ》、君津《きみつ》、木更津《きさらづ》、東京湾西岸に到達し、さらに、古利根川などの河川をさかのぼっていくことが可能だ。

だから、古利根川の河口部に近い東京都港区にも、前期に芝丸山《しばまるやま》古墳（一〇八メートル）が造られた。多摩川をさかのぼった大田区には、宝萊山《ほうらいさん》古墳（九七メートル）と、亀甲山《かめのこやま》古墳（一〇七メートル）が、川崎市側にも、観音松《かんのんまつ》古墳（七二メートル）、加瀬白山《かせはくさん》古墳（八七メートル）が造られている。この加瀬白山古墳は破壊されてしまったが、神奈川県唯一の三角縁神獣鏡《さんかくぶちしんじゅうきょう》が出土したことで有名だ。

弥生時代後期から古墳時代前期の上総の一帯は、人口が集中し、河川水系ごとに、大型古墳が造営されていた。房総半島の東京湾の周辺が有数の古墳密集地帯だったことは、あまり知られていないが……。

なぜ上総が繁栄したかといえば、くどいようだが、ヤマトから東に向かう交通の要衝だったからだ。

上総の墳墓群は東国最古クラスで、古墳時代前期から、すでに前方後円墳が盛んに造られていた（関東北部では前方後方墳が主流だったから、大きな差が見られる）。養老《ようろう》川沿岸部（千葉県市原《いちはら》市）には、今富塚山《いまどみつかやま》古墳（推定一一〇メートル）、姉崎天神山《あねさきてんじんやま》古墳（一三〇メートル、古墳時代前期の上総最大の前方後円墳）、釈迦山《しやかやま》古墳（九三メートル）が存在する。

木更津市と君津市を流れる小櫃《おびつ》川周辺にも、前期古墳が造られている。飯籠塚《いごづか》古墳（一〇二メートル）、浅間《せんげん》神社古墳（一〇五メートル）、白山《はくさん》神社古墳（八九メートル）だ。

全長六〇メートル級と小振りな、木更津市最古の前方後円墳である手古塚《てこづか》古墳も無視できない。この古墳も破壊されてしまって存在しないが、千葉県では数少ない三角縁神獣鏡（仿《ぼう》製《せい》）が出土している。

古代の関東の中心は北関東だが、太平洋側も、かなり早い段階で西側の影響を受けていた。これは無視できない現象だ。

すでに弥生時代後期前半（二世紀）に、相模地域に東海系（しかも東部）の外来土器が流れ込み、集落が現われた。花水川《はなみず》流域（神奈川県平塚市《ひらつか》）には東遠江（静岡県天竜川流域）の土器が、相模川流域には三河（愛知県東部）、西遠江（静岡県西部）の土器が流入していた。また、南武蔵北部（埼玉県南部と東京都北部）には、西から大量の移住者が流れ込んでいた。花水川流域の土器が流れ込み、環濠《かんごう》集落を形成していた。

弥生時代末から古墳時代前期初頭（三世紀）になると、東海西部（伊勢、尾張、三河）から、元屋敷式《もとやしき》（廻間式《はさま》）土器を携《たずさ》えた人びとが大量に流れ込んでくる。しかも、圧倒的なパワーをともなっていた。東海西部系土器は、関東の内陸部にも進出している。この古墳前期の土器と人の流れから、「駿河→相模→三浦半島→上総→北武蔵→上毛野→下毛野→常陸（那珂川河口）→福島浜通り」という、古墳前期の流通の大動脈が再現できる。

古墳時代に入ると、今度はヤマト政権自身が、積極的に東に人を送り込んだようなのだ。くどいようだが、神奈川県、千葉県、東京都の前期古墳は、前方後円墳を採り入れていて、それはヤマト政権側からの働きかけに応じ、ヤマト政権のネットワークに組み込まれ、交通網を発達させていったからである。

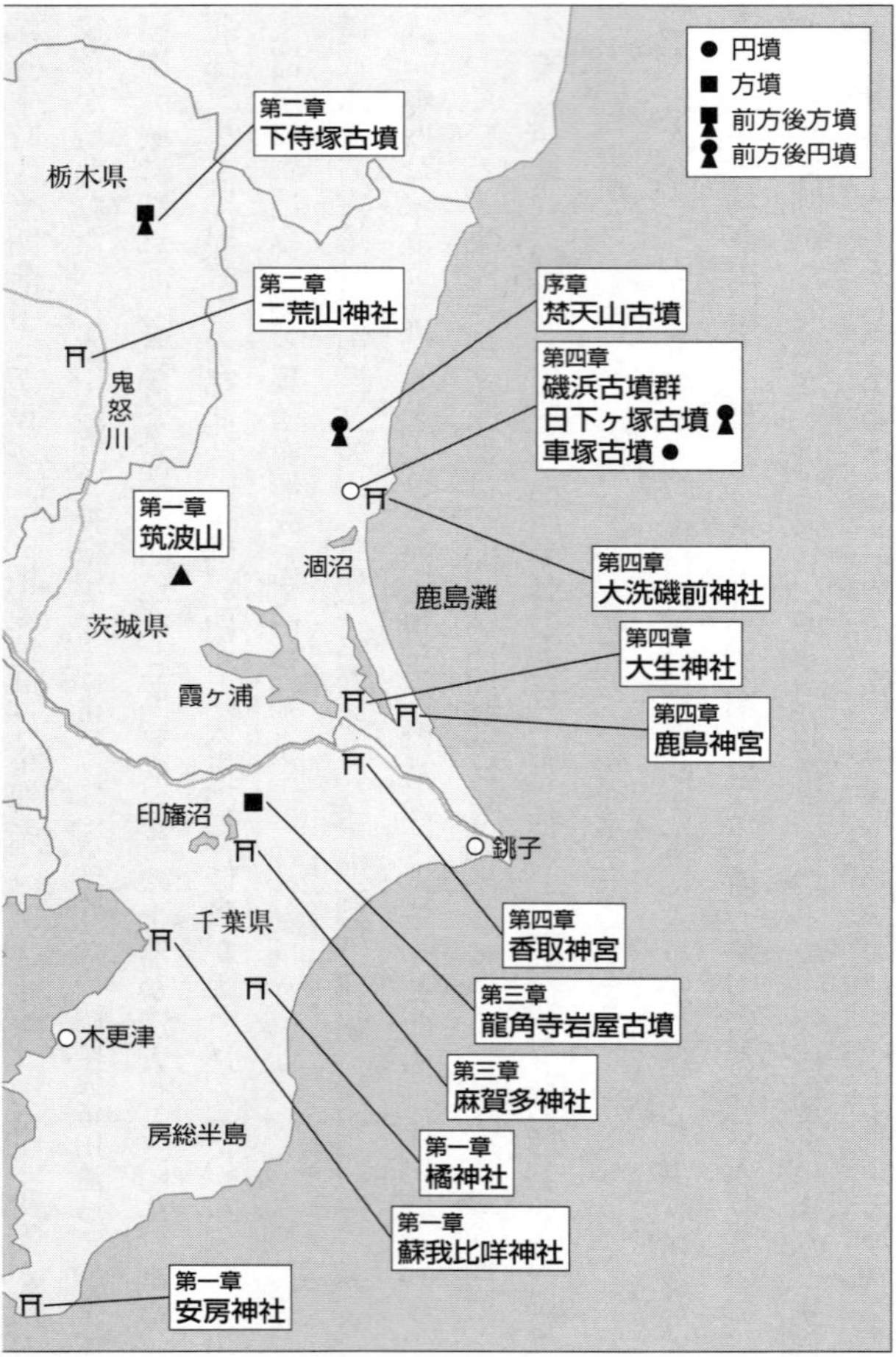
● 円墳
■ 方墳
前方後方墳
前方後円墳
第二章
下侍塚古墳
栃木県
第二章
二荒山神社
鬼怒川
序章
梵天山古墳
第四章
磯浜古墳群
日下ヶ塚古墳
車塚古墳
第一章
筑波山
涸沼
第四章
大洗磯前神社
鹿島灘
茨城県
第四章
大生神社
霞ヶ浦
第四章
鹿島神宮
印旛沼
銚子
千葉県
第四章
香取神宮
第三章
龍角寺岩屋古墳
木更津
第三章
麻賀多神社
房総半島
第一章
橘神社
第一章
蘇我比咩神社
第一章
安房神社

本書に登場する神社と古墳

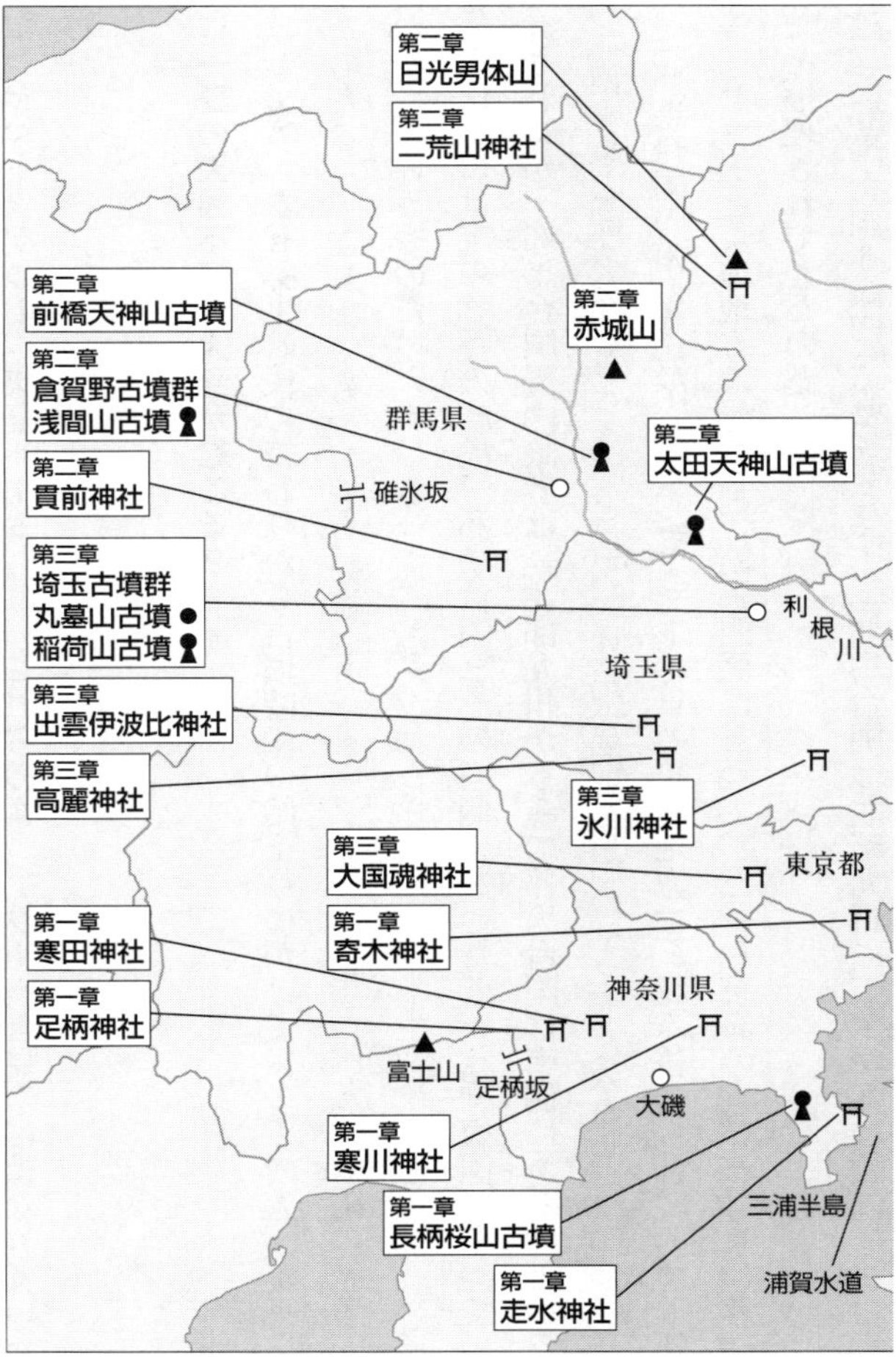

そして、ヤマトタケルの「東征ルート」は、これらのネットワークと見事に重なっていたことがわかる。

数十年に一度の天候不順で大乱が起こる?

それにしても、なぜ弥生時代の終わりから古墳時代の始まりにかけて、多くの人々が東に移動したのだろう。これまでもっとも有力視されてきたのが、「邪馬台国と狗奴国《くな》の戦争があったから」というものだ。

「魏志倭人伝」には、卑弥呼の時代、邪馬台国とその南側にあったという狗奴国が争っていたと記録されるが、邪馬台国畿内論者は「北部九州からみて邪馬台国は南側にある」という記事を、「南を東と読み替えるべき」と言い、邪馬台国を畿内のヤマトとみなす。

当然、「邪馬台国の南の狗奴国」も、「ヤマトの東の東海地方」と読み替えられ、ヤマト建国の前後、ヤマトと東海地方は対立し、緊張関係にあって、だから東海の人びとは東に移住していたと推理されてきたのだ。

筆者は、「邪馬台国=畿内」説をとらず、「邪馬台国は北部九州に、ヤマトは畿内に」と考えるから、この「ヤマトの東の東海は狗奴国」説にも懐疑的だ。

一方近年、ヤマト建国前後の混乱を、科学の力で解こうと試みられている。それが、樹木年輪の酸素同位体を用いた降水量の復元だ。

古気候学を専門とする中塚武《なかつかたけし》は、気候変動が人類の歴史にどのように作用したのかを、自然科学的な方法によって古い時代の気候を復元することで、解き明かそうとしている。これまで花粉のデータ、海水準《かいすいじゅん》の変動、放射性炭素濃度など、データの曖昧さがネックになって決定的な推論は出せずにいたが、「酸素同位体比」を調べることで、より正確な気候変動の情報を得られるという。

酸素はすべてが均一の重さではない。原子核に含まれる中性子《ちゅうせいし》の数が違うことがある。九九パーセント以上の酸素は質量数（陽子と中性子の数を足したもの）一六だが、一七、一八も存在する。その中の一八は、全体の約〇・二パーセントで、「質量数一八の酸素原子の数を、質量数一六の酸素原子の数で割ったもの」を酸素同位体比と呼んでいる（平川南編『環境の日本史1　日本史と環境』吉川弘文館）。

酸素同位体比は気象学的プロセスによって常に変化し、その比率を割り出すことで、過去の気温や水温、降水量を復元できる。さらに、木材に含まれるセルロースの中に閉じ込められた酸素は、周囲の水や空気と交換しないという特徴があって、太古の気候を精密に再現できるわけだ。

しかも日本の場合、おおよそ三千年前まで「年輪年代法《ねんりんねんだいほう》」が確定しているため、一年単位の夏の降水量を中心とする正確な気候変動の様子が、縄文時代の終わり頃まで再現することが可能になった。これが邪馬台国論争を解き明かすひとつのヒントになりそうなのだ。

その結果、わかってきたことがある。

邪馬台国とヤマト建国までの弥生時代後期の日本列島は、紀元前一世紀ごろまで夏期の降雨量は安定し、河川の周辺に安心して水田を開くことが可能だった。

ところがその後、一世紀になると、数年の周期で小刻みに変動を始めるようになった。洪水も頻繁《ひんぱん》に起きていた年もあって、災害の生々しい記憶とともに、居住区域も高台に移っていた可能性がある。

二世紀になると気候変動は数十年周期となり、ここで倭国大乱《わこくたいらん》の時代が到来し、卑弥呼《ひみこ》が登場する二世紀末には周期の幅が小さくなり、三世紀にその変動が収まっていったことがわかってきた。

問題は、変動の周期が数十年になった時が、いちばん人間に影響を及ぼしていたと考えられることなのだ。これは日本だけではなく、世界中の歴史学、考古学の一致した考えだ。日本の場合、鎌倉幕府の崩壊から室町時代の動乱の時代にぴったりと重なる。そしてもちろん、倭国大乱もこの長い変動周期の時代だった。

安定した気候がしばらく続けば、「人々はそれに適応して人口や生活水準を拡大させてしまう」という。その結果、天候が変わった時、いっそう大きな被害にあっていたのではないか、というのだ（前掲書）。

もし数年周期の気候変動が起きていれば、人々は気候変動に合わせた生活を送り、変化に備え、適応できる。ただし、数十年に一度の天候不順は、人間にとって一生に一度の体験であり、適応の方法がなかなか見つけられず、それまでの豊かな生活が、かえって足かせになるわけである。

はたして東海地方の人々の移動が、このような気候変動によって引き起こされたのかどうかに関しては、これから次第に明らかになってくるだろう。

ただ問題は、ヤマト建国の前後、東海地方のみならず、日本列島全体で、民族の大移動が起きていたことで、そこには、天候不順による生活の困窮《こんきゅう》と争いの勃発《ぼっぱつ》（しかも東アジア全体が動乱期だった）、それに対する「人々のもがき」と「為政者の目論見《もくろみ》と改善策」という歴史が隠されていたのかもしれない。

ヤマトタケル説話が神話じみている理由

なぜヤマト建国前後の人の流れに注目したかというと、ヤマトタケル説話が、実際にはヤマト建国前後の何かしらの事実を伝えているのではないかと思うからだ。そして、ヤマトタケル説話の中に、三世紀の関東の謎を解く鍵が隠されていると思う。

『日本書紀』によれば、ヤマトタケルは第十二代景行天皇の子で、実在の初代王は第十代崇神天皇だから、ヤマト建国後しばらくたってから歴史に登場した人物ということになりそうだ。ただ、すでに述べてきたように、史学界は、ヤマトタケルが実在したとは考えていない。話が神話じみていて、現実味がないと見なしてきた。しかし、何かしらの史実を元に、話を作り上げた可能性はあるという。

ヤマトタケルを考える上で重要なのは、「この人物が悲劇のヒーローではない」ということだ。そして、「歴史編纂者の意図（悪意）」が隠されているように思えてならない。

なぜなら、ヤマトタケルは『古事記』や『日本書紀』の中で鬼あつかいされているからだ。しかも、歴史時代の話なのに、神話以上に神話的に描かれているのは、不可解きわまりない。

比較神話学の吉田《よしだ》敦彦《あつひこ》は、ヤマトタケルの不思議な物語は、インド・ヨーロッパ語族の神話（印欧《いんおう》神話）とよく似ていると言っている（『ヤマトタケルと大国主』みすず書房）。印欧神話の「戦士の三つの罪」型を持つのだそうだ。代表的な武神や人間の英雄を、三つの重大な罪でけなすパターンに当てはまるという。ヤマトタケルの場合、三つの罪は以下のとおり。

(1) 双子の兄オオウスを残虐な方法で殺す。

(2) 尾張のミヤズヒメが生理中であるにもかかわらず、結ばれた。その結果、伊吹山で神の毒気にやられる。印欧神話では、愛欲に溺《おぼ》れた性的犯罪と病死に関連があるという。

（3）九州のライバルだったクマソタケル（熊曾建）といったん友誼《ゆうぎ》を結び、その上で裏切って殺している。

これはいったい何を意味していたのだろう。

近年、ヨーロッパから東アジアに至るほぼ全世界に、共通する神話が広まっていることに関して、西から東に伝播《でんぱ》したのではなく、もともと人類がアフリカで生活していたころ、すでに神話の原型が出来上がっていたのではないかとする説が登場しているが、じつに説得力がある。

ただ、その神話的記述を、なぜ歴史時代のヤマトタケルにかぶせる必要があったのか、大きな謎が残る。

筆者は、ヤマト建国の真相を闇《やみ》に葬《ほうむ》ろうとした『日本書紀』編者が、ヤマト建国の歴史を分解して、いくつもの時代に散りばめてしまった結果、神話と歴史が融合してしまったと考える。

また、初代神武、第十代崇神、第十五代応神の三代の天皇が、ヤマト黎明期の王と推理するが、その操作の過程で、ヤマト建国の歴史を神話の中に組み込んでしまった可能性が高い。そして、ヤマトタケルの正体を誤魔化《ごまか》すために、神話じみた説話を用意したのではなかったか。

朝廷に崇《たた》っていた

『古事記』はヤマトタケルを鬼あつかいしている。ヤマトタケルはヲウス（小碓命）といい、双子の兄オオウス（大碓命）がいる。ヤマトタケルは、別名をヤマトヲグナ（倭男具那命、『日本書紀』の表記は日本童男）といった。「ヲグナ」は「童子」のことで、古くは童子は、鬼と同等の力を持つ鬼そのものと考えられていた。

実際、ヤマトタケルは鬼のような活躍を始める。兄オオウスが出仕しないので、景行天皇はヲウス（ヤマトタケル）に「ねぎし教へ覚《さと》せ」（ねんごろに教え諭せ）と命じた。するとヤマトタケルは厠《かわや》で兄を待ち伏せし、入ってきたところを捕らえ、押しつぶし、手足をもぎ取って薦《こも》に包んで捨ててしまった。父の言葉を拡大解釈してしまったのだ。

ヤマトタケルがクマソ退治に向かわされたのは、景行天皇がヤマトタケルの性向を恐れたからだ。西に向かったヤマトタケルは、クマソタケル（熊曾建）だけではなく、イヅモタケル（出雲建）も、友誼を結んだ上で、だまし討ちにして残虐な手口で殺してしまった。景行天皇は震え上がり、西から凱旋したばかりのヤマトタケルに「今度は東へ」と追い払ったわけである。

「父は私に死ねと言っているのだろうか」

と、ヤマトタケルは嘆いた。ところが、ヤマトタケルはここから心を入れ替えたように、活躍していく。そして伊吹山の神の毒気にやられて、ヤマト帰還の途中、能煩野《のぼの》（三重県亀山市と鈴鹿市の一帯）で息を引き取る。ここで、ヤマトタケルの魂は白鳥となり、西に向かって飛翔していく。この段階でヤマトタケルは鬼から悲劇の英雄に変化していくのだ。最後の場面が強烈に焼き付いているから、多くの人がヤマトタケルを愛してやまない。

その一方で、「そもそもヤマトタケルは架空の人物」「ヤマトタケルという名そのものが、作り物」と、史学者から軽視されているのも事実だ。

ただし、ヤマトタケルをめぐる謎は、これだけで終わらない。後世、不思議なことが起きるからだ。

『続日本紀』大宝《たいほう》二年（七〇二）八月八日の記事に注目したい。文武《もんむ》天皇の治制下で、律令がほぼ整いつつあった時代のことだ。明文法による国家統治の始まりである。ところが、ここで迷信めいた事件が起きる。

「倭建命《やまとたけるのみこと》の墓に震《しん》す。使を遣《つかは》して祭らしむ」

ヤマトタケルの墓が揺れたのか、雷が鳴ったのか、はっきりとはわからない。ただこの「鳴動」に朝廷は震え上がり、わざわざ使者を送って祀っている。

無視できないのは、この先、国家の大事に際し、各地の陵墓《りようぼ》の鳴動が記録されたことで、その最初の例がヤマトタケルだったことだ。

さらにこの年の十月、文武天皇の祖母持統太上天皇《じとうだいじょう》は東国行幸《ぎようこう》に出立《しゆつたつ》し、ヤマトタケルの故地《こち》をなぞるようにしている。持統天皇はこの行幸を終えた直後に亡くなるが、老骨《ろうこつ》に鞭《むち》打ってまで東国に赴《おもむ》いたのは、ヤマトタケルの陵墓の鳴動に震え上がったからだろう。

「祟《たた》るヤマトタケル」は、ヤマトタケルが実在し、王家がヤマトタケルを恐れている事実を今に知らしめている。『日本書紀』も朝廷も、ヤマトタケルの何かを隠している。

これより先、朱鳥《あかみとり》元年（六八六）五月、持統太上天皇の夫だった天武《てんむ》天皇は体調を崩したが、六月に占ってみると、「草薙剣の祟《たた》り」とわかった。ヤマトタケルが尾張氏のもとに置いていった熱田神宮の神宝で、草薙剣といえば、ヤマトタケルを思い浮かべる。やはり、ヤマトタケルは王家に祟る。

思い出されるのは、ヤマトタケルが立派に成長した大人だったのに、「男具那」「童男」と呼ばれ、「童子＝鬼」と見なされていたことだ。

天皇の葬儀で、必ず歌われ続けてきたのは、ヤマトタケルの死を悼《いた》む歌だ。天皇家とヤマトタケルの間に重大な秘密が隠されているとしか考えられない。

ヤマト建国をめぐる秘密

なぜ関東の話なのにヤマトタケルにこだわるかというと、ヤマト建国と東国の真の関係は、ヤマトタケルの正体を暴《あば》くことではっきりと見えてくると思うからだ。『日本書紀』がヤマト建国の歴史を後世に残すことを嫌ったのは、『日本書紀』編纂時の権力者が藤原不比等《ふひと》だったからにちがいない。藤原氏の政敵たちが、みなヤマト建国の功労者なので、その業績を消し去りたかったのだろう。

ヤマト建国の詳細を知っていた『日本書紀』の編纂者たちだからこそ、多くのカラクリを残した。ヤマト建国に活躍した地域を、ほぼピンポイントで無視してしまったが、重要な地域が極端に取り上げられないとなれば、かえってその意図を推しはかるべきだろう。

纏向遺跡に集まった土器の産地は、東海四九パーセント、山陰・北陸一七パーセント、河内《かわち》（大阪府東部）一〇パーセント、吉備《きび》（岡山県）七パーセント、関東五パーセント、近江五パーセント、西部瀬戸内三パーセント、播磨《はりま》（兵庫県西部）三パーセント、紀伊一パーセントで構成されるという。

このうちヤマト建国説話に登場するのは、「山陰・北陸」の一部の出雲だけだ。ヤマト建国最大の功労者は吉備と東海だが、これらの地域に関する記述はほとんどない。東海からの土器の流入は約半数に達しているし、吉備系の土器の数の割合は七パーセントだが、祭祀に用いる貴重な土器を持ち込んでいた。

『日本書紀』は神武天皇よりも先にニギハヤヒ（物部氏の祖・饒速日命）がヤマトの地に舞い下り、すでにヤマトに君臨していたナガスネビコ（長髄彦）の妹を娶ったと記す。筆者は、ニギハヤヒは吉備から、ナガスネビコは東海（尾張）からやってきたと考える。

すでに述べたように、ヤマト建国は「強い王を出したくない」と考える地域の人々が集まり、成し遂げられたと思う。

きっかけをつくったのは、東海、近江地方の前方後方墳を造り上げた人たちが、各地に散らばっていったことで、この地域の人々は、「強い権力者を生まないための銅鐸」を守っていた。関東に大量の移民を送り込んだのもこの地域の人々で、その結果、北関東（とくに下野）は「前方後方墳を重視する地域」になった。

ヤマト建国の中心メンバーは近江と東海地方の人びとで、彼らが「西からの攻撃に強いヤマト盆地」に陣取ったからこそ、慌《あわ》てて吉備がヤマトにやってきたのだろう。吉備から来たのがニギハヤヒなら、それを待ち構えて迎え入れたナガスネビコは、東海の王ではなかったか。

ここでヤマト建国をめぐる私見を詳述するつもりはないが、ある程度説明しておかないと、関東の古代史も理解していただけないので、結論だけ触れておく（詳細は拙著『神武天皇vs.卑弥呼』）。

ヤマト建国最大の功労者は、東海を代表するナガスネビコ、吉備のニギハヤヒ、さらに、日本海側の「タニハ連合」（但馬《たじま》、丹波《たんば》、若狭《わかさ》）だ。北部九州や出雲が栄え、鉄を独占し、近畿地方を涸渇《こかつ》させる策に出る中、タニハ連合が近江と東海や、近畿地方に先進の文物を送り込んだところから、近江と東海の発展が始まり、ヤマトに新たな潮流が生まれたと見る。これは考古学的にはほぼ明らかになっていることだ。

ヤマトの盆地に東の勢力が流れ込み、栄えれば、出雲も吉備も震え上がる。だからまず、吉備がヤマトに乗り込み、出雲も靡《なび》いた。こうして「ヤマト連合」が成立し、北部九州は孤立した。

そしてヤマト連合の人々は、北部九州に流れ込み、最後まで抵抗する「北部九州の一部の勢力＝邪馬台国」を滅ぼしたのだろう。

ただし、邪馬台国の卑弥呼は倭王を名乗り、魏《ぎ》の皇帝から「親魏倭王」の正式な称号を獲得していたので、「ヤマトが親魏倭王（邪馬台国）を滅ぼした」という情報が漏れないように策を講じなくてはならなかった。そこで、ヤマトから乗り込んだ女性トヨ（台与）が、「卑弥呼の宗女《そうじょ》（一族の女性）」を名乗り、王位を継承した。

ところがこののち、ヤマト政権内で主導権争いが勃発し、瀬戸内海勢力（吉備＋東海）が日本海勢力（タニハ連合＋出雲）を追いやり、九州のトヨたちは敗れ、南部九州に逼塞《ひっそく》する。日向《ひむか》（南部九州）から神武天皇が東に移ってヤマトの王に立ったという話は、トヨの子（あるいは末裔）が、ヤマトの王に立てられ、これにナガスネビコが抵抗した、ということになる。ヤマトで蔓延《まんえん》した疫病《えきびょう》を祟りと見なし、祟る鬼を祀るために「神武」が求められたのだ。これがヤマト建国の歴史だと筆者は考える。

ところで歴史作家梅澤恵美子《うめざわえみこ》は、「ナガスネビコの長いスネは、水鳥（白鳥）を表わしている」と考え、ナガスネビコの正体をヤマトタケルと見なした（拙著『神武東征とヤマト建国の謎』PHP文庫）。卓見だと思う。

『日本書紀』に従えば、熱田神宮を祀り続けてきた尾張氏の祖神はアメノカゴヤマ（天香語山命）だが、尾張氏自身は、ヤマトタケルと結ばれたミヤズヒメを祖のひとりに挙げている。女性のミヤズヒメを祖とするのは不思議だ。堂々と「ミヤズヒメの夫＝ヤマトタケルが、尾張氏の祖」と称《とな》えればよいものを、なぜ憚《はばか》ったのか。

これも、「ヤマトタケル＝ナガスネビコ」ということであれば、ヤマトの王家の誕生に歯向かったという汚点を隠そうとする意識が働いたのだろう。

ナガスネビコ（ヤマトタケル）は神武東征に際し、最後まで抵抗して、結局ニギハヤヒに裏切られ、殺される。これはヤマト建国の悲劇であり、ナガスネビコはヤマト建国最大の功労者でありながら、ヤマトを呪う存在となったわけだ。

王家も、この事情をよく知っていたから、ことあるたびに、「祟るヤマトタケル」を恐れたのだろう。逆に尾張氏は、「逆賊としてのナガスネビコ（ヤマトタケル）」の説話に、ナイーブになっていたのだと思う。

そして、藤原氏がこれらのいきさつを隠滅《いんめつ》しようとした理由は、ニギハヤヒが物部氏、ナガスネビコが尾張氏、タニハ連合を率いていたのが蘇我氏、神武天皇を九州時代から守り続けてきたのが大伴氏で、彼らはヤマト建国の功労者で名門豪族だったからだ。しかも、みな七～八世紀に藤原氏の毒牙《どくが》によって倒された氏族だった。のちに触れるが、『日本書紀』編《へん》簒《さん》時の権力者・藤原氏こそ、成り上がり者だったのである。

神《じん》武《む》天皇の取り巻きは九州の海人だった

ヤマト建国をめぐるいざこざは、関東の古代史にも大きな影を落としていく。

たとえば、房総半島最南端に忌部《いんべ》（斎部）氏がやってきている。忌部氏は、中臣《なかとみ》氏が台頭するまで古代の宮中祭祀の職を一手に担っていた。大同《だいどう》二年（八〇七）に『古語拾遺《こごしゅうい》』を著わした斎部広成《いんべのひろなり》が知られている。

関東では珍しい式内大社である安房《あわ》神社（安房国一之宮）は、その忌部氏が祀ってきた古社で、ヤマト建国とも深くかかわる。

吾谷《あづち》山の北東の麓に鎮座する神社境内の植生は、南国のそれで、関東では珍しい。温かい黒潮の流れが、西国から多くの文物や人をここに届けてきた。

ちなみに、房総半島の北東に位置する銚《ちょう》子《し》市の一帯には、「先祖は紀州（和歌山県）から流れ着いた漁師」と伝える家が多い。紀伊半島沖で漁をしていて遭難し、流されると、自然と銚子に着いてしまうらしい。また、九十九里浜《くじゅうくりはま》で盛んに行なわれる地引き網漁は、十三世紀に紀州で難破した漁民がこの地にたどり着き、伝えたという。

また、房総半島と紀伊半島には、まったく同じ地名が多い。勝浦《かつうら》、白浜《しらはま》、和田《わだ》、布良《めら》（目良）、網代《あじろ》などが、どちらにも存在する。移住者が移住先に故郷の地名を付けるのは、よくあることだ。二つの半島に挟まれた伊豆にも同じ地名が残っているから、「紀州↓伊豆↓安房」の海上ルートがうかがえる。

房総半島と忌部氏のつながりは、深く長い。斎部広成の『古語拾遺』に、経緯が記されている。「神武東征」後の話だ。

忌部氏の祖アメノフトダマ（天太玉命）の孫アメノトミ（天富命）が、山の材を用いて橿原《かしはら》（奈良県橿原市）に正殿《みあらか》（天皇の住居）を建てた。また神武天皇は、アメノトミに忌部の人びとを率いさせ、多くの神宝を造らせた。その後、移住の話が出てくる。

「（神武天皇の命により）アメノトミをもって、（忌部氏の一族である）アメノヒワシ（天日鷲命）の後裔を率い、肥饒地《よきところ》（肥沃《ひよく》な場所）を求め、阿波国（徳島県）に遣わし、穀類や麻の種を植えさせた。その末裔は、今もこの国にいる。（中略）

アメノトミはさらに良い土地を求めて、阿波の忌部の人びとの一部を東土《あづまのくに》に向かわせ、麻や穀類を植えさせた。よい麻が生えるところを『総国《ふさのくに》』という（古語で麻を総という。のちに上下に分けて上総、下総となる）。（中略）

阿波の忌部の住む土地を『安房郡《あわのこおり》』と名付けた。アメノトミはここに祖のアメノフトダマノミコトを祀る社を建てた。これが安房社（安房神社）である」

つまり忌部氏の一部は、いったん阿波（徳島県）に移り、そこから安房（千葉県南部）に移った。「アワ（阿波）の忌部」が住む土地だから「アワ」（安房）と名付けられたと『古語拾遺』はいっている。

ところで、ヤマト黎明期の都は纒向遺跡で、奈良盆地の南東部に位置する。第十代崇神天皇や子や孫たちは、纒向に宮を建てたと『日本書紀』はいう（崇神の宮だけ少しずれているが、近い）。

一方、神武天皇の宮は橿原に建てられ、纒向とは離れている。それはなぜかといえば、神武に与えられた役目は「祟り神を祀る」ことで、政治参加ではなかったからだろう。

『日本書紀』に従えば、第十代崇神天皇の時代、疫病の蔓延によって人口が半減し、占ってみると神の祟りとわかった。そこで、その祟る神の子を探し出してヤマトに連れてきて祀らせたところ、平安が戻ったという。

このうち崇神天皇は実在の初代王で、吉備からやってきた実力者だろう（おそらくニギハヤヒ）。とすれば、あとから連れて来られた「神を祀る者」が新たなヤマトの王で、それは神武天皇であり、しかも、実権を持たぬ祭司王に仕立て上げられたということだろう。

政治の中心地「纏向」と、祭祀のための宮「橿原」という関係を想定できる。

そして、その橿原のまわりには、大伴氏や久米《くめ》氏ら、九州時代から王家の身辺を固めていた豪族たちが、肩を寄せ合って暮らしていたが（おそらく、新しい祭司王を守っていたのだろう）、その中に忌部氏も混じっていた。

彼らの共通点は「海の民」だったことで、じつは天皇家も、海人《あま》とは深くかかわっていた。神武天皇の母（玉依姫《たまよりひめ》）と祖母（豊玉姫《とよたまひめ》）はどちらも「海神《わたつみ》の娘」で、しかも、北部九州の奴国《なこく》の海人・阿曇《あずみ》氏出身の女性だった。天皇家の母系の祖は、海神の海人なのだ。

九州には、大海原《おおうなばら》に果敢に漕ぎ出す海人たちが暮らしていたが、彼らは縄文的な習俗を継

神宿る安房《あわ》国

左の建物の下から洞窟跡と人骨が発掘された（安房神社）

聖地の趣が漂う安房神社

右上／海南刀切（かいなんなたぎり）神社本殿裏の巨石。大きな裂け目がある
右下／この地の代表的な海蝕洞窟・鉈切（なたぎり）洞穴
左下／半島の先端、洲崎（すのさき）神社の祭神は、アメノフトダマの后神

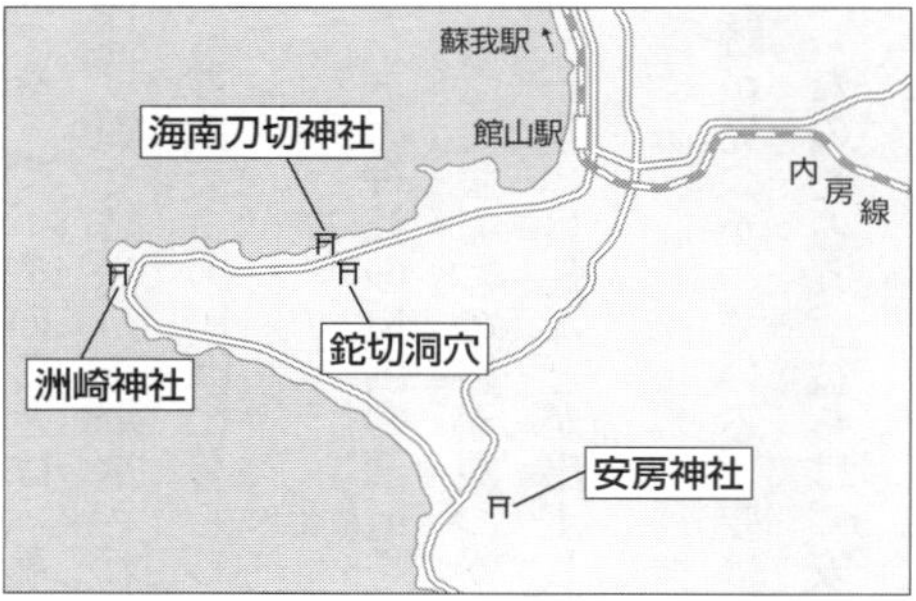

自然の景観を活かした神社や遺跡が多い

承していた。もっともわかりやすいのは「黥面《げいめん》」や「入れ墨」（文身《ぶんしん》）で、そのことは「魏志倭人伝」にも描かれている。しかも、倭の海人の入れ墨の文様は、縄文時代から継承されてきたものであることがわかっている。この縄文の海人の末裔が、神武天皇の周囲に暮らしていた海人の末裔であり、大伴氏、久米氏、忌部氏らが含まれる。

ところで、昭和七年（一九三二）に、関東大震災の被害を受けた安房神社の境内参籠所《さんろうじょ》を改築した際、海蝕洞窟（全長約一一メートル、高さ二メートル、幅一・五メートル）の跡が見つかった。発掘してみると、二二体の人骨や貝輪一九三個、弥生土器、石器、貝殻などが出土した（現在は埋め戻されている）。

発掘された遺骸のうち一五体には、海人の習俗だった抜歯《ばっし》の痕跡が見つかっている。要は縄文の海人の末裔がこの地に暮らし、安房大神の祭祀に関わっていたのだろう。彼らは、安房忌部の一族と考えられている。

安房神社の手前の道を左に折れて二～三分行くと、「忌部塚」があり、ここで発掘された二二体の慰霊をしている。

このとき、いっしょに出土した土器は当時、弥生土器と見られていたため、「これらの弥生人たちは安房大神の祭祀に関係した安房忌部の一族と推測され」（谷川健一編『日本の神々関東』白水社）と指摘されたが、断定はできなくなってきた。土器に関しては、その後、さまざまな説が飛び出した。縄文晩期終末ごろの東海系土器、あるいは古墳時代とも指摘され、混迷している。

ただひとつ、はっきりといえるのは、忌部氏が縄文時代から続く日本列島の「海人のネットワーク」と大いにかかわり、だからこそ、海路の要衝である安房国とも長く深くかかわり、この地を治めはじめるようになったということだろう。

房総半島南部には、前方後円墳や円墳などの高塚《たかつか》古墳（墳丘《ふんきゅう》を備えたもの）が少なく、その代わり首長層は海蝕洞穴に埋葬されることが多かった。しかも彼らは、何らかの形で「海」と密接にかかわっていた人たちだ。これは、伊豆半島南部にも共通している。

忌部氏は、阿波国（アメノヒワシ）、讃岐国（手置帆負命《たおきほおい》）、紀伊国（彦狭知命《ひこさしり》）、出雲国（櫛《くし》明玉命《あかるたま》）、筑紫国と伊勢国（天目一箇命《あめのまひとつ》）と、各地の「海の要衝」に散らばっていったが、もともとは王家の祖とともに北部九州にいた。

しかも一度零落《れいらく》して、南部九州に逼塞した時、彼らは、吉備らの「瀬戸内海勢力」に対抗するために、太平洋上の「黒潮ルート」を駆使していたのではないかと思えてくるのだ。「阿波」と「紀伊」と「伊勢」と「安房」を黒潮の道が結び、政権から見えない場所で、独自のネットワークを構築していたのではないかと勘《かん》ぐりたくなる。

「神武東征」の大きな鍵のひとつに紀伊半島の迂回《うかい》がある。瀬戸内海をまっすぐ東進したところ、難波《なにわ》でナガスネビコらの抵抗にあい、紀伊半島西岸の沖を南下。ぐるりと回って東岸の熊野《くまの》に上陸する。

なぜ神武天皇の水軍が紀伊半島の迂回案をとれたのかといえば、忌部氏が手引きをしたからではないかと想像してみたくなる。そしてのちに、王家が関東と強く結ばれていく下地に、このような忌部氏の活躍が隠されていた可能性も、疑っておく必要があると思う。

蛇足《だそく》ながら付け足しておくと、吉備を中心勢力とするヤマト政権は、日本海勢力を追い落としたあと、困っていたと思う。九州の海人の恨みを買い、航海のスペシャリストが不足したと思われるからだ。

崇神天皇が、祟る神から「吾が子を探し出せ」と命じられたとき、「そうすれば、朝鮮半島も自《おの》ずから靡いてくる」と託宣《たくせん》を得たが、それは、日本と朝鮮半島を結ぶ北部九州の海人

冬の晴天には洲崎神社の浜の鳥居から
富士山を臨むことができる

たちが「許してくれる」「船を出してくれる」ことを意味していたのではないか。

そう考えると、なぜ敗者であり、祭司王に過ぎなかった神武天皇に近侍《きんじ》していた忌部氏が、安房国に拠点を構えることができたのか、その意味もわかってくるように思う。

ヤマト政権（崇神天皇と物部氏ら）にすれば、関東を開拓するには、三浦半島から上総国、さらに、東京湾を北上し、河川を遡上《そじょう》するルートを確保する必要があった。

これに対し、劣勢に立たされ、実権を失ったヤマトの王家（神武天皇）は、安房国に拠点を構え、独自のルートを確保しておいたのだろう。房総半島の最南端を東に向かうルートは海の難所だったから、当初はヤマト政権も、忌部氏がこの地に居座ることに脅威を感じなかったのかもしれない。

しかし、海人はしたたかだ。やがて五世紀後半になると、ヤマトの王家が実力をつけるようになっていったが、そのとき「関東を味方につけよう」と考えたのは、忌部氏ら海人の発想だったのではないか。

第二章　北関東の雄、上毛野《かみつけぬ》氏は本当に天皇の子孫か

上毛野と下毛野《しもつけぬ》

目を内陸の北関東（群馬県と栃木県）に転じてみよう。

五世紀から六世紀にかけて、北関東がヤマト建国後、畿内を除く列島内で、もっとも成長し、もっとも繁栄を誇った地域にのし上がっていく（とくに上野国）。それはなぜなのか、理由を探っておかなければならない。

北関東を代表する豪族は、上毛野氏と下毛野氏だ。どちらも、ヤマトの王家の末裔と『日本書紀』は記録しているが、はっきりしたことはわかっていない。

興味深いのは、上毛野国（上野国、群馬県）と下毛野国（下野国、栃木県）では、古墳文化に大きな隔《へだ》たりがることで、このあと触れるように、群馬県は日本を代表する巨大前方後円墳の密集地帯だったのに対し、栃木県はなぜかヤマト建国後しばらく、前方後方墳（念のために言っておくが、前方後円墳ではない。前も後ろも四角い古墳）を採用し続けた、全国でも珍しい「前方後方墳王国」だった。

物証から考えても、両者は別々の存在だ。それにもかかわらず、なぜ「上と下」の毛野氏が北関東に存在したのだろう。

上毛野国の一之宮は、荒船山《あらふね》から流れ下る鏑《かぶら》川左岸の河岸段丘《かがんだんきゅう》に鎮座する貫前《ぬきさき》神社（群馬県富岡《とみおか》市、現在の名称は「一之宮貫前神社」）で、参道は「高台から本殿に向かって下っていく」（九十六段の下り階段）という珍しい造りになっている。

祭神はフツヌシ（経津主命）、物部氏が祀る神である。

神社の伝承によれば、フツヌシがタケミナカタ（建御名方神）を追って上毛野国と信濃国の国境付近の荒船山に行宮《かりみや》を建て、そこが貫前神宮の前宮《さきみや》である咲前《さきさき》神社と伝わり、それが現在地に遷座《せんざ》したという。

現在の貫前神社の形になったのは、安閑《あんかん》元年（五三四）、物部系の磯部《いそべ》氏が氏神《うじがみ》としてフツヌシを祀ったのが始まりといい、物部氏が送り込んだ渡来系の人びとによって守られてきたようだ。

五世紀以降、朝鮮半島から戦火を逃れ、多くの人びとが日本列島に逃げてきた。関東にも、その渡来人が多く移住してきた。朝廷の命令や、大豪族たちの指示によって移ってきたのだ。

たとえば科野《しなの》国（信濃国）の場合、物部氏が多くの渡来系の人びとを送り込んでいる。それは、馬の飼育が目的だったようだ。

科野国の国造は多《おお》氏系の金刺舎人《かなさしのとねり》らであったが、彼らを背後から支配していたのが、物部氏だった。「長野《ながの》」の地名の由来も、河内の渡来系長野氏が、物部氏の意向を受けて信濃国に移り住んだためだ。

五世紀後半から長野盆地に、無数の小規模な積石塚《つみいしづか》古墳が造営されはじめる。長野市松代《まつしろ》周辺に密集地帯があって、総数は約九〇〇基に及んでいる。積石塚は高句麗《こうくり》系や百済《くだら》系の渡来人が造ったと考えられている。扶余《ふよ》系の騎馬民族だ。

物部氏は、科野に牧《まき》（牧場）を造り、馬の飼育を始めたのだが、甲斐、上毛野にも積石塚が造られていく。

群馬県富岡市に物部系の貫前神社が鎮座していたのも、この地に牧を造ろうと考えていたからだろう。『延喜式《えんぎしき》』には、上野国に九つの御牧《みまき》（朝廷直轄の牧）があったと記録している。朝廷が馬の生産を行なっていた。

実際、渋川《しぶかわ》市の白井《しらい》地区から、古墳時代後期の牧の遺跡が発見されている。さらに、渋川市から安中《あんなか》市、富岡市にかけて、奈良時代から平安時代に至る牧もみつかっている。やは

物部系氏族が奉斎していた貫前神社。
本殿に向かって階段を下っていく

り、群馬県は馬の生産地だったのだ。そして、馬生産の技術を携えた渡来人が大活躍していたわけである。

上毛野氏が祀っていた神社はどこかというと、この一之宮ではなく、赤城山《あかぎ》の南麓に鎮座する赤城神社（前橋市三夜沢町《みよさわ》）だった。祭神は出雲のオオナムチと上毛野氏の祖トヨキイリヒコ（豊城入彦命）だ。

赤城神社は上野国二之宮である。地元の雄である上毛野氏の神社が一之宮になれなかったのは、なぜだろう。物部氏ら中央から進出した者たちの影響がそれだけ強かったからなのだろう。

一方、下毛野氏が祀っていたのは、下野国一之宮二荒山《ふたらさん》神社だ。二荒山神社は、宇都宮《うつのみや》市馬場《ばば》通りと日光《にっこう》市の二カ所にある。

宇都宮の二荒山神社は、日光のものと区別するため、「ふたあらやま」と読んでいる。当初、同市内の下之宮に祀られていたが、承和《じょうわ》五年（八三八）に、近くの宇都宮市の中心となる高台（臼《うす》が峰《みね》山）に移し祀られた。宇都宮はその門前町として栄えた。そういう歴史もあって、ウツノミヤの地名は、イチノミヤが訛《なま》って生まれたとされている。

祭神はトヨキイリヒコで、神社ではこの人物が東国平定したと伝わり（実際には赴《おもむ》いてもいない）、多くの武将（源頼義《よりよし》、源義家、源頼朝《よりとも》、徳川家康ら）が戦勝祈願を行なってきた。東山道が下毛野を経由して東北につながっていることも、大きな理由のひとつだろう。

宇都宮の二荒山神社で修験道が盛んになって、そのあと、日光の二荒山神社が生まれたと思われる。

二荒山は日光男体山《なんたいさん》のことだ。その「フタラサン」の語源は、インドの南方海上にあり、観音菩薩が住むという「フダラクセン」（補陀落山）だ。八世紀後半に下野国の僧勝道《しょうどう》が、補陀落の山神を奉仕した。

また空海《くうかい》が「二荒」を「ニッコウ」と読み、それがのちに「日光」の表記となったと伝わるが、実際には、この地に入り、修行を始めた修験者らが「ニッコウ」と読みはじめたのだろう。

ところで、群馬県の赤城神社には、上毛野と下毛野にまつわる神話が残されている。

「昔、二荒山の神と赤城山の神が、日光の中禅寺湖《ちゅうぜんじ》の領有権を巡って争った。言い争い

両毛《りょうもう》の聖なる山

日光男体山山頂の大剣

男体山の登山口にある二荒山神社中宮祠（ちゅうぐうし）

二つの山の神が戦ったという戦場ヶ原。向こうに男体山

ムカデに身を変え、左目を射られた赤城山

から戦いに発展し、赤城の神が優勢だったが、二荒山の神は、鹿島《かしま》の神の助言に従い、小《お》野猿麻呂《ののさるまろ》なる弓の名手の加勢を得て戦うと、二荒山の神は蛇となり、赤城山の神はムカデに姿を変えて争った。赤城山の神は小野猿麻呂の放った矢で左目を射抜かれ、逃げ帰ってきた。この戦闘の場が日光の戦場《せんじよう》ヶ原《がはら》で、赤城山の神が傷を癒《いや》したのが、老神《おいがみ》温泉（群馬県沼田《ぬまた》市利根《とね》町）だという……」

たわいもない昔話だが、日光の二荒山神社では、いまでも年に一度、赤城山に向かって矢を射かける神事を行なっているという。何やら物騒な伝統行事だ。

上毛野国と下毛野国は、ともにトヨキイリヒコの末裔が支配する土地と『日本書紀』はいうが、実際は風土も文化も異なる地域で、だからこそ二つの国の神が争ったと信じられていたのだろう。

ここに、興味深い問題が隠されているが、詳しいことは、のちほど触れる。

トヨキイリヒコの子孫たち

関西の人たちは、「関東の古代史」をほぼ無視しているが、これを責める気にならないのは、関東の人たちもまた自分たちの歴史に無関心だからだ。「古代の政治は西で動いていた」「関東は未開の地」と、信じている。関東人が関東の古代史を軽視している。

「稲作」を弥生時代の先進度の目安とするなら、確かに関東平野は後進地帯だった。西からもたらされる新たな技術と移民の力を借りて、ようやく発展の準備が整った。

しかし、古墳時代の「古墳」を尺度にすれば、関東は日本列島の最先端を走るようになっていった。関東は、知られざる古墳王国である。五世紀後半から六世紀にかけて、畿内を除けば、北関東は古墳の数と大きさで一番を誇っていた。古墳に並べられた埴輪も、国宝クラスの多くは北関東でつくられたものだ。その中でも、群馬県（上毛野国）に、巨大古墳が集中している。

それだけではない。関東の軍事力は、五世紀に至ると、朝廷にとってかけがえのない存在となり、活躍はめざましかった。そして最後は、政権にとって、制御不能な化け物と化していく。朝廷は東国が恐ろしくてしかたなく、とくに関東の軍事力を恐れたのである（詳しくはのちに）。しかも、北関東の存在感は群を抜いていた。

関東の古代史を無視することはできない。なぜ関東が発展したのだろう。

『日本書紀』は、関東の重要性について、上毛野氏、下毛野氏の祖の話で説明している。実在の初代王と目される第十代崇神天皇の治政下だから、ヤマト建国のあとの話になる。

「崇神四十八年（四世紀か）春正月、崇神天皇が、トヨキイリヒコ（ただし、この説話での表記は「豊城命《とよき》」）とイクメ（活目尊、活目入彦五十狭茅天皇《いくめいりひこいさち》）の兄弟に詔して言った。

『おまえたち二人とも愛しい気持ちは同じである。どちらを皇嗣《あとつぎ》にすればよいかわからない。それぞれに夢を見てもらい、見た夢の内容で占おうと思う』

二人の皇子はその命を受け、身を清めて祈り、眠った。それぞれ夢を見た。

あけぼのに、兄のトヨキイリヒコが見た夢について天皇に語った。

『私は御諸山《みもろやま》（奈良県桜井市の三輪山《みわ》）に登り、東に向かって八回槍《やり》を突き出し、八回刀を振り回す夢を見ました』

弟のイクメも見た夢について語った。

『私も御諸山の嶺《みね》に登り、縄を四方に張って、粟《あわ》を食べるスズメを追い払いました』

そこで崇神天皇は、二人の夢相《むそう》を見て（夢を占って）言った。

『兄はひとかたに東へ向かい、東国を治めるように。弟は広く四方《よも》に臨んで、わが皇位を継ぐように』

夏四月、イクメを皇太子に立て（のちの垂仁天皇）、トヨキイリヒコに東国を治めさせた。トヨキイリヒコは、上毛野君・下毛野君らの始祖である」

この説話のポイントは、兄弟を「甲乙つけがたい二人」と見なし、東国の統治と皇嗣を対置している、つまり「東」を大きなひとつの地域としてヤマトと対置していることだ。ヤマト建国当時から、政権側が東国の発展を強く願っていたことを暗示している。

ただし、トヨキイリヒコは実際には東国に赴かなかった。

第十一代垂仁天皇の時代にも、上毛野氏の祖が活躍しているが、このときも東国に赴いていない。それが、ヤツナタ（八綱田）の話だ。

垂仁五年十月条、サホヒコ（狭穂彦王）の反乱記事が載り、上毛野君の遠祖ヤツナタに鎮圧を命じたとある。緊急性の高い鎮圧行動を命じられたというのだから、ヤツナタが東国にいたとは思えない。

また『新撰姓氏録《しんせんしょうじろく》』「和泉国皇別《いずみのくにこうべつ》」の「登美首《とみのおびと》」の項に、「豊城入彦命《とよきいりひこのみこと》の男《こ》、倭日向建《やまとひむかたけ》日向八綱田《ひむかやつなた》の後《すえ》なり」の一文があり、「トヨキイリヒコ―ヤツナタ」の系譜が明らかにされている。

上毛野氏の祖の話は『日本書紀』にまだ収録されている。今度は、トヨキイリヒコの孫が登場する。

「景行五十五年春二月、ヒコサシマ（彦狭島王）が東山道十五国の都督《かみ》に任ぜられた。ヒコサシマはトヨキイリヒコの孫である。（赴任のため出立するが）春日《かすが》の穴咋邑《あなくいのむら》（奈良市古市《ふるいち》か）に着いたところで病没してしまった。このとき、東国の百姓《おおみたから》は王が赴任しないことを悲しみ、ひそかに屍《しかばね》を盗み、上野国に葬った」

ずいぶんと手前で亡くなったものである。それはさておき、この話、支配される側の民が、ヤマトの貴種を大々的に歓迎していたということになり、少し脚色過剰の気がしないわけでもないが、関東のヤマトに対する憧憬《しょうけい》の感情はウソではないと思う。

ようやく東国赴任を実現できたのは、ヒコサシマの子、つまりトヨキイリヒコの曾孫《ひまご》になってからである。

「景行五十六年秋八月、天皇は、ミモロワケ（御諸別王）に詔して言った。

『お前の父ヒコサシマは、任地に赴くことができずに早く亡くなってしまった。そこで、お前が東国を治めよ』

ミモロワケは天皇の命を受け、父のやり残した仕事を成し遂げようと思い、東国に向かい、治め、善政を敷いた。時に、蝦夷が騒動を起こしたので、兵を挙げて討った。すると、蝦夷の首領、足振辺《あしふりべ》、大羽振辺《おおはふりべ》、遠津闇男辺《とおつくらおべ》らが出頭して平伏し、罪を受け入れ、領地をすべて献上した。降伏した者を許し、まつろわぬ者を誅殺《ちゅうさつ》した。

東国はしばらく平穏だった。こうしてミモロワケの子孫は、今も東国に住んでいる」

以上の『日本書紀』の記事に従えば、「崇神天皇―トヨキイリヒコ―ヤツナタ…ヒコサシマ―ミモロワケ……」となり、その子孫は天皇の末裔ということになるだろう。ヤツナタとヒコサシマの関係は不明だが、「ヒコサシマはトヨキイリヒコの孫」というから、文献上はつながっている。

ただし、この系譜を鵜呑みにしてよいのかどうか、断定できない。さらなる問題は、はじめて東国に来たミモロワケと、上毛野氏や下毛野氏とをつなげる系譜がないことだ。「上毛野氏らはトヨキイリヒコの末裔」というが、そもそもトヨキイリヒコは東国に赴任していないのだから、それだけでは根拠薄弱である。

また、仮に天皇家と血のつながりがないとして、上毛野氏が土着の首長なのか、中央から派遣された者の末裔なのか、それも定かではない。

もっとも、史学者の多くは、天皇家と上毛野氏は血のつながりがないと考える。『日本書紀』にあるような、トヨキイリヒコらとのつながりは、上毛野氏側にほとんど伝わっていないからだ。おそらく、上毛野の地域内で主導権争いが続き、最後に生き残ったのが上毛野氏の祖にちがいないという(前沢和之『古代豪族の研究』新人物往来社)。

その上で、ヤマト建国後、中央政権が東国と密接なかかわりを持つに至り、大きく成長した上毛野氏を中央の政権の方が組み入れ、天皇の系統に加えた上で、東国経営の成果を王家の手柄にしたのだろうというのである。

のちに触れるが、『日本書紀』編纂時、上毛野氏やその同族たちは、中央に進出していて、歴史編纂や律令整備の実務で大活躍していた。朝鮮半島の紛争に盛んに参加するうちに、先進の技術や知識を身につけ、渡来系の人々を同じ系譜の中に取り組むなどして、日本を代表する知識人になっていたようなのだ。

そんな彼らだから、王家の系譜に自家の祖を結びつけた可能性もある。上毛野の地域はヤマト政権との関係が特別に密だったがために、このような伝承が生まれた可能性を否定できない。

渡来系の上毛野氏がいた

古代の北関東を支配していたのは上毛野氏と下毛野氏、これは明白な事実である。かつては、ひとつの「毛野氏」から二つの氏族が別れたと考えられてきた。北関東に地盤を置いていた土着の「毛野氏」をヤマト政権が打ち破り、強引に「上と下」に分けられたにちがいないと信じられていたのだ。

しかし、よくよく考えてみれば、「毛野」という氏族が存在したことを証明する史料が見当たらない。『日本書紀』は、「上毛野氏の祖は天皇の子」といっているが、これもあてにならない。正史が認めても、本当に上毛野氏がヤマトから下っていったのかどうかさえ、証明する手立てがない。その点、北関東の雄族の正体を明かすことは、なかなか難しい。

『新撰姓氏録』の中に、上毛野氏の同族(同じ先祖をもつ氏族)は三六氏登場するが、その中心に立っていた氏は六つあり、これを「東国六腹《ろくはら》の朝臣《あそみ》」と呼んでいる。彼らは東国と深くかかわっていた人たちだが、中央でも活躍していた。

天武十三年(六八四)十一月一日、五二の氏に「朝臣」のカバネが下賜されたが、この中に「上毛野臣」とその同族が含まれていた。このとき「朝臣」のカバネを賜ったのは、いずれも古代を代表する錚々《そうそう》たる顔ぶれだ。大三輪、大春日、阿倍、さらには、物部や中臣、石川(蘇我)、柿本《かきのもと》らがいる。

このとき上毛野朝臣は、同族の下毛野朝臣、大野《おおの》朝臣、佐味《さみ》朝臣、池田《いけだ》朝臣、車持《くるまもち》朝臣らとひとくくりにされ、「東国六腹の朝臣」と呼ばれた（『続日本紀』延暦《えんりやく》十年〔七九一〕四月五日条）。

七世紀、八世紀の段階で、上毛野氏と「六腹の朝臣」が、中央で重んじられていたことがわかる。中級貴族として四位まで昇進することができた。

この六つの氏以外にも「上毛野氏」がいて、さらに二つのグループに分けられる。

ひとつは、トヨキイリヒコの五世の孫という「多奇波世《たかはせ》君」の末裔を自称する人びとだが、実際には渡来系で、しかも百済系だ。

この百済系上毛野氏の中でもよく知られているのは、田辺史《たなべのふひと》だろう。

『続日本紀』天平勝宝《てんぴょうしょうほう》二年（七五〇）三月十日条に、「田辺史難波《なにわ》らに、上毛野君の姓を賜《たまわ》る」と記録されている。この人物は出羽国守で、蝦夷政策で手柄をあげていたのだ。

さらに弘仁《こうにん》元年（八一〇）には、上毛野君（元は田辺史）は「朝臣」のカバネを下賜されている。

『日本書紀』の仁徳五十三年条に、新羅が朝貢しなかったため、上毛野君の祖「竹葉瀬《たかはせ》」を遣わして、理由を問わせたとある。

『弘仁私記《こうにんしき》』序《じょ》には、仁徳《にんとく》天皇の時代、田辺史らが百済から「化来《けらい》した」(やってきた)が、自分たちの祖は貴国(日本)の将軍「上野公竹合《かみつけぬのきみたかはせ》」だと主張した。そこで仁徳天皇は矜《きょう》憐《れん》して(憐れんで)、彼(カミツケヌノキミタカハセ)を祖とする一族に混ぜてあげた、とある。

多奇波世、竹葉瀬、竹合と表記は異なるが、すべて「タカハセ」である。

仁徳天皇の昔に、田辺史らがタカハセの末裔、つまり上毛野氏の血脈に紛れ込むことができたというのは本当だろうか。筆者は別の考えを持つ。鍵を握っていたのは藤原不比等だろう。中臣(藤原)鎌足《かまたり》の子で、藤原氏発展の基礎を築いた人物だ。

藤原氏は、藤原不比等以降、ほぼ朝堂《ちょうどう》を独占し、いまだに強固な閨閥《けいばつ》を形成し、日本の頂点に君臨し続けている。権力者藤原氏といえば、中臣鎌足が土台を築いたと信じられているが、藤原氏は中臣鎌足の死の直後、壬申の乱(六七二)で敗者側につき、一度没落している。復活を遂げたのは、藤原不比等の力による。この人物が、母の縁で上毛野氏とつながっていたのだ。

上毛野氏の系譜を改竄《かいざん》したのは誰か

『尊卑分脈《そんぴぶんみゃく》』と『公卿補任《くぎょうぶにん》』に、藤原朝臣鎌足（中臣鎌足）は、車持国子君《くるまもちくにこ》の娘・与志古《よしこ》娘を娶り、貞慧《じょうえ》（定慧）と不比等が生まれたとある。ここに登場する「車持国子君」は、東国六腹の朝臣のひとつ車持氏の出身だ。

その『尊卑分脈』には、藤原不比等をめぐる無視できない記事が載る。

中臣鎌足は「避《さ》く所《ところ》の事《こと》」があって（のっぴきならない事情があって）、息子の不比等を山科《やましな》（京都市山科区）の田辺史大隅《おおすみ》らの家で養育した。そこで、養育先の田辺史から「史＝ふひと＝不比等」と名付けた。

事情ははっきりとわからないが、筆者は、中臣鎌足が乙巳《いっし》の変（六四五）で蘇我入鹿《いるか》を殺したあと、逼塞していたと考える。

というのも、蘇我氏は改革派で、中臣鎌足と中大兄皇子《なかのおおえのみこ》（天智天皇《てんじ》）は、むしろ反動勢力だったと考えるからだ（拙著『藤原氏の正体』新潮文庫）。蘇我入鹿暗殺後に即位した孝徳天皇《こうとく》も親蘇我派で、要は、中大兄皇子と中臣鎌足は、要人暗殺に成功したものの政権転覆には至らず、いっとき野《や》に下っていたと考えられる。

藤原不比等がのっぴきならない事情があって山科の田辺史のもとで育てられた、という話は、このような『日本書紀』が隠した事情が関係していると思う。蘇我氏全盛期に、蘇我のトップ（つまり政権トップ）を手にかけたのだから、政権を奪取できなければ、しらばっくれるか、逃げるほか、手はなかったと思う。

余談ながら、入鹿暗殺の実行犯は秦河勝《はたのかわかつ》で、中大兄皇子と中臣鎌足は「知らぬ振りをしていた」と、筆者は考える（拙著『寺社が語る秦氏の正体』祥伝社新書）。したがって、中臣鎌足は表面で涼しい顔をしていただろうが、もしもの時のことを考え、「子供だけは危ない目にあわせたくない」と、離れたところに住まわせていた可能性は高い。

さらに余談だが、中臣鎌足や末裔の藤原氏は、みな親百済派だが、それはなぜかといえば、彼らが百済からやってきた王族だからだろう。鎌足が、百済系の田辺史を頼った理由は、ここにある。

中臣鎌足の正体は、百済王子豊璋《ほうしよう》だろう。親百済派で、やや零落気味だった中臣氏と養子関係を結ぶことによって、日本人になりすますことが可能となったにちがいない。

そして次に、東国の雄族・上毛野系の車持氏に接近して、生まれた子が不比等だ。

この図式がわかってくると、なぜ田辺史ら百済系渡来人の末裔が平安時代初頭に上毛野氏の系譜に重なっていったのか、その裏事情が見えてくる。これまでの話をわかりやすくまとめてみよう。

①　百済王子が中臣氏の系譜に入る（豊璋から中臣鎌足へ）。
　　↓
②　中臣鎌足、上毛野系の氏族（車持氏）の娘を娶る。
　　↓
③　上毛野氏との間にできた子を、同じ百済系の田辺史にあずける（名も不比等に）。
　　↓
④　藤原姓を賜り、藤原不比等の末裔が権力を握る。
　　↓
⑤　田辺史が車持氏の系譜に入る。

見ようによっては、藤原氏は「東国と百済のハイブリッド」といえなくもない。

藤原不比等は『日本書紀』の中で、自身の母系のルーツである上毛野氏の権威付けを行なっていた可能性が出てくる。つまり、「東国は野蛮だが、上毛野氏だけは違う。なぜなら王家の血を引いているから」という操作をしたにちがいない。

軍事や編纂《へんさん》事業で大活躍

上毛野氏のイメージは、武人集団のそれだ。実際に、関東の軍団を率いて朝鮮半島や東北に遠征しており、『日本書紀』には「戦う上毛野氏」の姿が描かれている。また、海外との交渉や外交にも上毛野氏が大いにかかわっていた。

神功皇后摂政紀《じんぐうこうごうせっしょうき》四十九年春三月条に、次の記事が載る。トヨキイリヒコの末裔が朝鮮半島に赴いて活躍している。

「アラタワケ（荒田別）とカガワケ（鹿我別）が将軍に任ぜられ、卓淳国《とくじゅん》（伽耶《かや》諸国のひとつで新羅に近かった）に至り、新羅を攻めた。ただし、数で劣るので、援軍を要請し、新羅を破り、周辺の七つの国を平定した」

ここに登場するアラタワケは、トヨキイリヒコの四世の孫で、上毛野氏と同族だ（『新撰姓氏録』）。アラタワケは、このあとも朝鮮半島に向かっている。

応神十五年秋八月、百済王はアチキ（阿直岐）を遣わして、良馬二匹を貢上《こうじょう》してきた。応神天皇はアチキに、「そなたよりも優《すぐ》れた博士はいるか」と問いただすと、「ワニ（王仁）という者があり、優れています」と言うので、上毛野君の祖アラタワケらを百済に遣わし、ワニを召致《しょうち》された。

仁徳五十三年夏五月、新羅が朝貢してこないために、上毛野君の祖タカハセが遣わされて、その理由を問いただしたという話はすでにしてある。このとき、弟のタヂ（田道）も活躍しているのだが、タカハセとタヂの兄弟は、アラタワケの子だ。

タヂは、仁徳五十五年に蝦夷が背いたために遠征を命じられるが、蝦夷に敗れ、伊寺水門《いしのみなと》（場所は不明）で戦死している。

天智元年（六六二）五月、一度滅亡した百済を復興するために、天智天皇は人質の百済王子豊璋を、本国に送り届けた。そして、新羅征討の準備を始める。

天智二年（六六三）三月、前軍の将軍上毛野君稚子《わくご》、中軍の将軍巨勢神前臣訳語《こせのかむさきのおみおさ》、後軍の将軍阿倍引田臣比邏夫《あべのひけたのおみひらぶ》らを遣わし、二万七千人で新羅と討たせたとある。

同じ年の六月には、上毛野君稚子らが、新羅の二つの城を落とした。

上毛野君稚子の活躍は、ここで終わる。この直後（八月）に起きる最後の決戦・白村江《はくすきのえ》の戦いに参画したのかどうか、生き残ったのかどうかも、記事からは読み取れない。

ただし、ここで選ばれた将軍たちは、みな朝鮮半島情勢に精通し、外交と軍事のエキスパートたちだ。その中に、中央の名門氏族である巨勢氏、阿倍氏と並んで、上毛野氏が含まれていたことは無視できない。

上毛野国の発展は、ヤマト政権側から流入する移民、先進の文物と技術があったからで、その恩を受けた上毛野の人びとは、朝鮮半島遠征に果敢に臨んでいった。

そして、いつの間にか上毛野氏は、ヤマト政権内でも海外事情に精通した人物群に成長していったわけである。

以来、上毛野氏は、地方（畿外）出身でありながら、「貴族」（五位以上）として尊重されてきた。なかには、八世紀前半に活躍した大野朝臣東人《おおののあそんあづまひと》のように、参議従三位《さんぎじゅさんみ》まで出世している者もいた。ここまで来ると上級貴族だ。大野氏はアラタワケを始祖としており、大野東人の父が、大野果安《はたやす》である。

また、地方出身者で祖先系譜を掲げているのは珍しく、上毛野系の他には、吉備系、犬上《いぬがみ》系（近江）だけだ。

上毛野の一族は、壬申の乱でも活躍している。

天武元年（六七二）六月、佐味君宿奈麻呂《さみのきみすくなまろ》が、大海人皇子勢の将として、名を残す。佐味君は、トヨキイリヒコの末裔で、上野国緑野《みどの》郡佐味郷の出とする。壬申の乱では、大阪に防衛線を敷き、大友《おおとも》皇子の近江軍と戦っている。

ただし、大野君果安と田辺史小隅《おすみ》（藤原不比等の乳父《めのと》である大隅との関係は不明）は、大友皇子に加勢していた。

田辺小隅は、純粋に大友皇子を支持していたのだろう。戦後行方不明になっている。

かたや大野果安は、戦場で攻撃を逡巡《しゅんじゅん》して、大海人皇子軍に利する行動をしている上に、戦後天武天皇のもとで働いているから、たまたま近江朝にいて、大海人皇子と戦わざるを得なくなったというのが真相だろう。大野氏と田辺氏とは、のちに「同じ上毛野氏の系譜」にまとまっていくが、当時はまったく異なる立場にあったのだろう。

それはともかく、上毛野氏は、史書や律令の編纂にも大きな足跡を残している。天武十年(六八一)三月十七日、天武天皇は、川島《かわしま》皇子(天智天皇の子)や忍壁《おさかべ》皇子(天武天皇の子)以下、朝堂の主だったものを集めて詔して、

「帝紀《ていき》と上古の諸事を記し定めしめたまふ」(歴史書をつくるように)

と命じた。この命令を受けた人物群の中に、上毛野君三千《みちぢ》(従四位相当の中級貴族)がいた。川島・忍壁の二人の皇子は名誉職的存在だから、三千らが中心になって編纂作業は始まったにちがいない(ただし上毛野三千は、五カ月後に亡くなるのだが)。

現存する最古の正史『日本書紀』は、養老《ようろう》四年(七二〇)に完成する。およそ四〇年もかかっているから、最終的にこの文書の編纂には藤原不比等の強い意志が働いたと思われるが、それ以前に、天武天皇も歴史書編纂に意欲を見せ、上毛野三千を抜擢《ばってき》したのだろう。

持統三年（六八九）六月二日、持統天皇は孫の軽《かるの》皇子（のちの文武天皇）らを教育するために、『善言《ぜんげん》』という書物をつくらせようと、施基《しき》皇子（天智天皇の子で天才万葉歌人）や佐味朝臣宿那麻呂らを、「撰善言司《よきことえらぶつかさ》」に任命した。

その後、『大宝律令《たいほうりつりょう》』（七〇一）撰定にあたって、下毛野朝臣古麻呂《こまろ》（正五位下相当）と田辺史らがメンバーに加えられ、下毛野古麻呂が、中心的役割を担っていたようだ。

『日本書紀』は完成し、さらに天平宝字《てんぴょうほうじ》年間（七五七〜六五）から宝亀《ほうき》年間（七七〇〜七八〇）にかけて、『続日本紀』が編纂され、さらに、『新撰姓氏録』も編修されていくが、どちらにも上毛野氏が大きくかかわっていた。ただし、二つの事業に参画した「上毛野氏」は、田辺史から出た百済系渡来人である。

上毛野氏が中央で出世できたのは、四世紀末から始まった度重《たびかさ》なる朝鮮半島遠征で常に活躍し、その結果、彼らが最先端の知識を身につけていったことと、朝鮮半島や渡来系の人びととの間に強固な信頼関係と人脈が形成されていたからだろう。

ヤマトの三輪《みわ》の神事をあつかう

ところで、東国に崇神天皇の子孫（トヨキイリヒコの末裔）が遣わされ、支配していたという『日本書紀』の一連の話、無視できないのは、考古学や民俗学も、上毛野とヤマトのつながりを指摘していることだろう。

『日本書紀』舒明《じょめい》九年（六三七）是歳の条に、次のような上毛野氏を巡る記事が残されている。

「この年、蝦夷が背《そむ》き、朝貢しなかった。そこで上毛野君形名《かたな》を将軍に任命し、蝦夷を討たせた。ところが、形名は蝦夷に敗れて、砦《とりで》に逃げ込み、敵に囲まれてしまった。兵士たちは散り散りになって逃げ、砦はもぬけの空《から》になってしまった。形名はなすすべを失った。日が暮れたので、垣を越えて逃げようと考えた。

するとと形名の妻が、『ああ嘆かわしい、蝦夷に殺されようとは』と言い、夫に語った。

『あなたの先祖たちは、大海原を渡って、万里の道を越えて、海外を平定し、その武威《ぶい》は後世に伝えられました。今、誇り高き先祖の名をあなたが傷つければ、後世の笑いものになるでしょう』

と、酒をむりやり夫に飲ませた妻は、夫の剣を身につけ、十の弓を張って、多くの女人たちに命じて弓の弦《つる》を鳴らさせた。すると形名は気を取り直し、武器を手に取り、撃《う》って出た。蝦夷たちは大軍の襲来とカン違いし、しだいに退却していった……」

この「弓を鳴らす」行為は、蝦夷を威嚇しただけではなく、神事である。しかも、ヤマトの三輪《みわ》の神を呼び出す習俗だという。上毛野氏はなぜか、崇神天皇の地元、三輪山と強くつながっていたことがわかる。

三輪山のふもとの大神神社《おおみわ》（奈良県桜井市）で祀られる祭神は、出雲神オオモノヌシ（大物主神）で、『日本書紀』の説話に、その姿は蛇となって登場する。蛇は、上毛野氏とも関わってくる。

仁徳五十五年の蝦夷との戦いでタヂ（上毛野田道）は戦死し、戦後に蝦夷が再び襲ってきて、乱暴狼藉《らんぼうろうぜき》を働いた。このとき蝦夷たちはタヂの墓を暴いたが、中から大蛇が目を怒らせて出てきて、噛《か》みついた。蝦夷の多くが蛇の毒で死に、生還したものは一人か二人だけだった。

時の人は、

「これはタヂの仕業《しわざ》であり、死人にも意志がないなどということはない」

と語りあったという。タヂが蛇になって蝦夷を「成敗」したという話が生まれたのは、三輪山の神が蛇だったからだろう。

上毛野の古い前方後円墳から出土する副葬品もまた、三輪山山麓の古墳のものと、そっくりだ。

たとえば、群馬県前橋市の前橋天神山《てんじんやま》古墳は、全長一二九メートルの大型前方後円墳として知られるが、三角縁神獣鏡、中国伝来の舶載鏡《はくさいきょう》、仿製鏡《ぼうせい》、碧玉製紡錘車《へきぎょくせいぼうすいしゃ》、銅鏃《どうぞく》、素環頭《そかんとう》大刀《たち》、鉄製工具、農具、櫛などが出土していて、この副葬品の中に三輪周辺の古墳の埋納品と同じ鋳型《いがた》で造られた鏡で含まれていた。

また、群馬県高崎市倉賀野《くらがの》から出た太刀の柄頭《つかがしら》が、石上《いそのかみ》神宮（奈良県天理《てんり》市）で出土した

前橋天神山古墳の豪華な副葬品

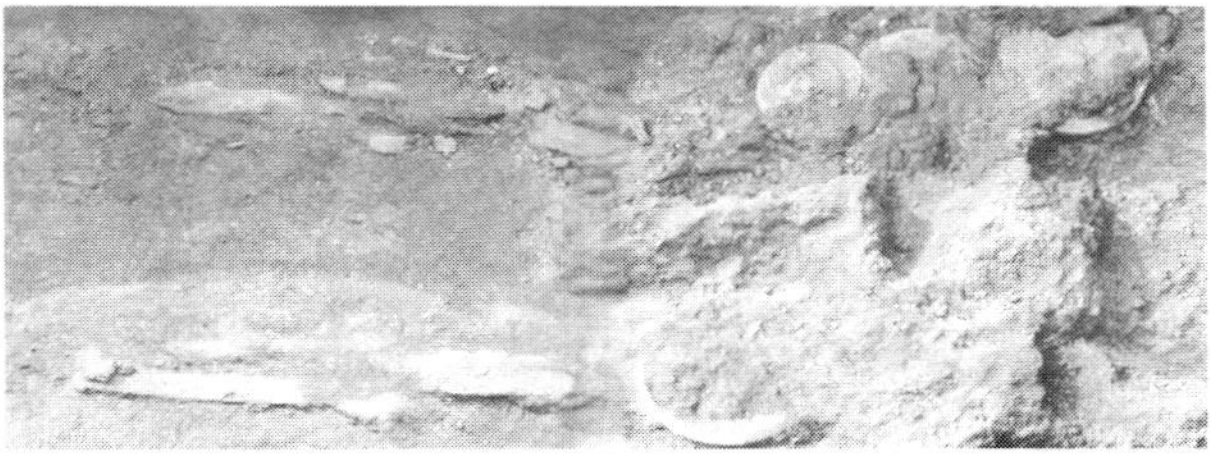

鏡や剣などの埋葬の様子。左下の長いものは鉄剣、中央下のとくに大きな丸いものが三角縁神獣鏡である（このページの写真は前橋市教育委員会発行の図録より転載）

銅鏃

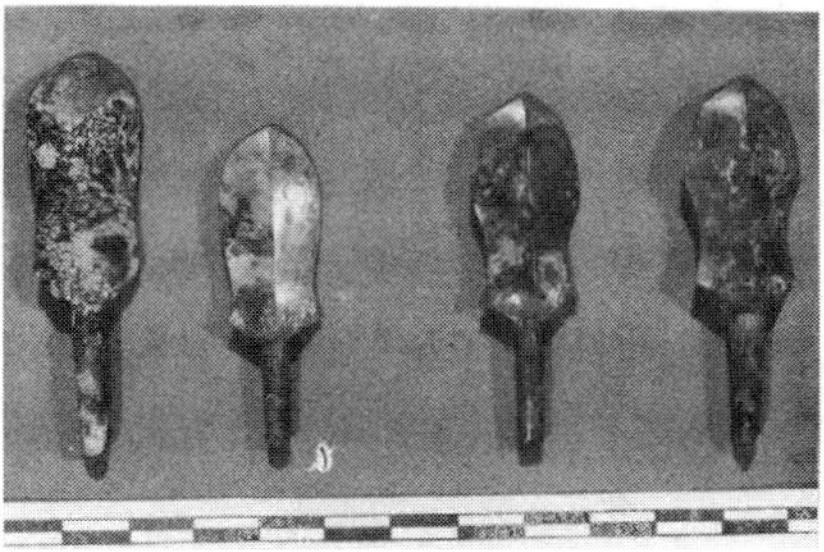

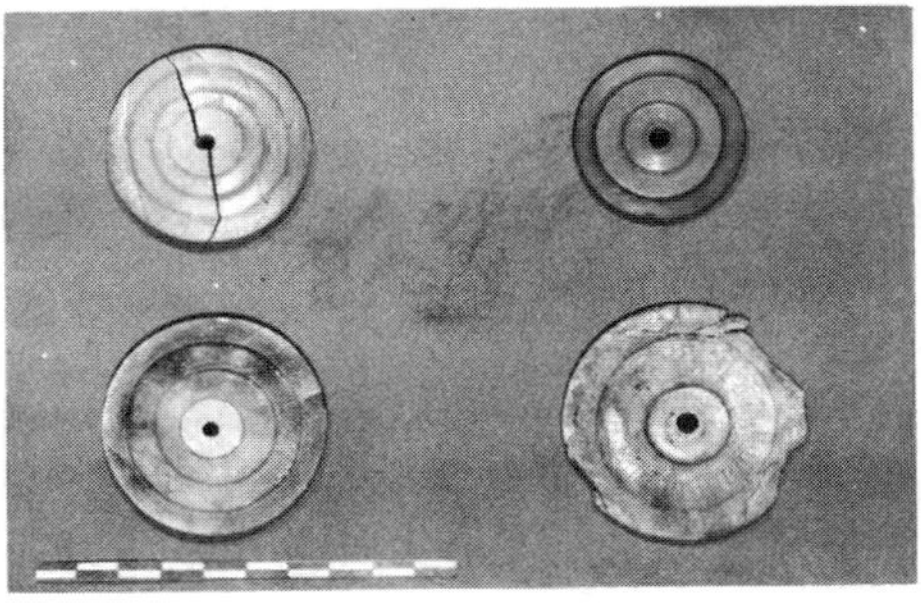

紡錘車

柄頭とまったく同じ鋳型からつくられていた。

伝承と考古学は、三輪周辺と上毛野氏をつないでいたわけである。三輪はヤマト黎明期のヤマトの中心地であり、その点、上毛野氏とヤマトの王家は、古くからつながっていた可能性がある。

和泉国《いずみのくに》に住む上毛野氏の末裔

ここで、先延ばししていた、上毛野氏を構成するもうひとつのグループについて考えておきたい。

この人たち、ほとんど知られていない。なにしろ上毛野とはかけ離れた和泉《いずみ》地方（大阪府南西部）に住んでいたからだ。

それが、『新撰姓氏録』の「和泉国皇別」などに記されている人たち（名前を挙げるが、覚える必要はない）で、佐代公《さしろのきみ》、珍県主《ちぬのあがたぬし》（茅渟県主）、登美首《とみのおびと》、葛原部《ふじはらべ》、茨木造《うばらきのみやつこ》、丹比部《たぢひべ》、軽部君《かるべのきみ》、以上とは別に系譜不明のくくりの中で我孫公《あびこのきみ》、これら八氏の祖として記されるのは、トヨキイリヒコか、その子・倭日向建日向日子八綱田命《やまとひむかたけひむかひこやつなた》（ヤツナタ）か、三世孫（曾孫《ひまご》）

ミモロワケ（御諸別命）のいずれかだ。

このうち、「倭日向建日向彦八綱田命」（『日本書紀』には「倭日向武日向彦八綱田」）は、いったい何者なのだろう。なぜ、「ヤマト（倭）のヒムカ（日向）」が名の中で強調されているのだろう。ここに、上毛野氏と大王家をつなぐ大きなヒントが隠されていると思う。

倭日向武日向彦八綱田は、垂仁天皇の時代、あのサホヒコの反乱を鎮圧したヤツナタである。天皇の皇后は、サホヒコの妹サホヒメ（狭穂姫）だが、兄妹で謀反を起こす形となった。垂仁天皇は近くの県《あがた》（久米《くめ》県）の兵を起こし、上毛野君の遠祖ヤツナタに命じてサホヒコを討たせた。垂仁天皇はヤツナタの功績を褒《ほ》め称《たた》え、「ヤマトヒムカタケヒムカヤツナタ」と呼んだ。

なぜ、謀反鎮圧に成功したヤツナタに、「ヤマトヒムカタケヒムカヒコ」の名を与えたのだろう。なぜ、新たに与えられた名の中に「ヒムカ」（日向）が二回出てくるのか。そもそも、この「ヒムカ」とは何か。二つの「ヒムカ」に挟まれた「タケ」（建、武）とは何か。

ここで思い出されるのは、ヤマトタケルだ。倭建命、日本武尊の「建」「武」は、イヅモタケル（出雲建）らにもあてがわれていて、それぞれの地域の勇猛な者を意味しているから、ヤマトタケルは「ヤマトの勇猛な者」の意味とされている。

ならばヤツナタに与えられたヤマトヒムカタケヒムカヒコは、「倭＝ヤマトのヒムカの勇猛な者」という意味になるが、「ヤマトのヒムカ」は、どこを指しているのだろう。どうやら、それは三輪山と思われるのだ。ここに、三輪山と上毛野氏をつなげる大きなヒントが隠されている。

ただし、話を進める前に、少し横道にそれたい。『日本書紀』に登場する茅渟県主《ちぬのあがたぬし》（珍県主）をめぐる説話に注目しておこう。この茅渟県という土地で、色々なつながりが見えてくるからだ。

「茅渟」は、和泉国の古い名である。ちなみに「県」とは、畿内を中心とする地域に置かれた天皇家の直轄地《ちよつかつち》を意味している。県主が、各県を管理していたわけだ。

第二十代安康《あんこう》天皇の元年（五世紀半ばから後半）に事件が起きた。天皇の弟（大泊瀬《おおはつせ》皇子、のちの雄略《ゆうりやく》天皇）の妃（幡梭皇女《はたびのひめみこ》）を迎え入れようとしたが、遣わされた使者（根使主《ねのおみ》）が皇女の美しさに目が眩《くら》み、奪った上に、その罪を皇女の兄大草香《おおくさか》皇子に擦《なす》り付けた。だまされた天皇は大草香皇子を討ち滅ぼしてしまう。

ところが、弟の雄略天皇の時代になって事件の真相が発覚し、怒った雄略天皇は日根《ひね》（和泉国日根郡）に逃げた根使主を滅ぼした。そして根使主の子孫を二つに分け、そのうちのひとつを茅渟県主に下賜し、「負嚢者《ふくろかつぎひと》」（袋を担がされる賤《いや》しい者）にした……。

この茅渟県主の勢力圏は、「陶邑《すえのむら》」（大阪府堺《さかい》市東南部の陶器山《とうきやま》から西）「有真香邑《ありまかのむら》」（大阪府貝塚《かいづか》市東北部から岸和田《きしわだ》市西南部にかけて）を含む、のちの和泉郡と大鳥《おおとり》郡南部で、その中で陶邑は日本最古の須恵器《すえき》生産地だった。須恵器はかつて五世紀末ごろに生産が始まったと考えられていたが、現在では、一世紀さかのぼる四世紀末と指摘されている。しかもここは、上毛野氏系の例の第三のグループ（軽部君、丹比部、佐代公、登美首、葛原部）が多く住む場所だった。

上毛野氏の三つのグループの中で、やはりこの第三グループは不思議な人たちだ。とくに歴史で活躍した人びとではないし、大阪府南部に地盤を持ち、その祖であるヤツナタは特別な名を与えられている。しかも、奇妙な名の中に大阪府南部との強いつながりが見えてくる。なぜ北関東の豪族が、和泉とつながっていたのだろう。

ヤツナタは第十一代垂仁天皇の時代の人物だが、その父親の崇神天皇の時代、奇妙な事件が起きていた。
疫病がはやり、人口が半減した。占ってみると神（オオモノヌシ）の意志とわかり、神の子オオタタネコ（大田田根子）を探し出して神を祀ればいいという。日本中に告知して探すと、茅渟県の陶邑で見つかった。天皇がオオタタネコに「あなたは誰の子か」と尋ねると、次のように答えた。

「父をオオモノヌシといい、母は活玉依媛《いくたまよりひめ》（生き生きとした神霊《みたまのふゆ》の憑《つ》く媛、巫女）で陶津耳《すえつみみ》（陶邑の首長）の娘です」

『日本書紀』は、「亦云《またい》はく」と続け、「奇日方天日方武茅渟祇《くしひかたあまつひかたたけちぬつみ》の娘」だという。こうしてオオタタネコにオオモノヌシを祀らせると、世は平静を取り戻した。

日向御子《ひむかのみこ》は何者か

大神神社の摂社に神坐日向神社《みわにますひむかいじんじゃ》がある。

現在はオオタタネコの祖神を祀るが、もともとはオオタタネコ本人を祀っていたようだ。ここは三輪山山頂に祀られていた神坐日向神社の「里宮」で、その山頂には現在、高宮《こうのみや》神社が鎮座する。『延喜式』に記された祭神は聞き慣れない「日向御子《ひむかのみこ》」で、ここに「日向」が登場する。

江戸時代の国学者本居宣長《もとおりのりなが》は、「東《ひむかし》」を分解すると「ヒ（日）＋ムカ（向）＋シ」となり、東を向いて日の出を遥拝《ようはい》する地を「日向」と呼ぶようになったとする。三輪山はヤマトの太陽信仰の拠点なので、本居宣長の「日に向かう神」は、説得力を持っていた。しかし次第に、違う考えも出されるようになってきた。

たとえば千田稔《せんだみのる》は、『住吉大社神代記《すみよしたいしやじんだいき》』に残された三輪山信仰と海人《あま》族の関係を重視する。三輪山山麓から出土した須恵器の大半は、堺市の陶邑の窯跡でつくられたものとわかっていて、三輪祭祀と茅渟県の陶邑が密接な関係を持っていたことが確かめられる。

その上で、住吉大社とかかわりの深い海人族、船木連《ふなきのむらじ》の祖で「大田田命」なる者が登場し、これが大田田根子（オオタタネコ）に似ていること、この人物と日向御子のつながりを疑った。船木連の祖は、神功皇后の「新羅征討」で活躍したとも伝わっている（中西進編『南方神話と古代の日本』角川選書）。

大和岩雄《おおわいわお》は『先代旧事本紀』の神統譜を参考にして、オオタタネコと日向御子を同一と見なした。三輪山が「日本」（ひのもと）と「日向」（ひむか）を両有しているというのだ。祀られる者（オオモノヌシ＝日本）と祀る者（オオタタネコ＝日向）という両面的な図式を描いた。

いずれの説も興味深いが、筆者は十分に納得ができない。それではなぜ、高宮神社の祭神には、通常よく見られる「神」や「命」（尊）ではなく「御子」があてがわれているのか。

これは、「若」や「稚」と同じ意で、「童子」を意味している。童子は古来、鬼と同様の力を発揮する存在として鬼退治の主役を務めた。鬼と同等ということは、童子も鬼そのものと見なされていたのだ。

『日本書紀』は、崇神天皇の時代の災難をオオモノヌシの意志だったと記録し、『古事記』はオオモノヌシの祟りだといっている。古くは「鬼」は「モノ」と読み、「物の怪《け》」の「モノ」も霊的な意味を持っているように、オオモノヌシは、「大きな鬼（物）の主の神」なのだった。この鬼を祀ることをできるのは、鬼と同等の力を持つ童子で、それが日向御子だったと考えれば辻褄《つじつま》が合ってくる。

問題は、なぜ出雲出身でヤマトの三輪山に住む神を祀る童子が、「日向」だったのか、にある。

他の拙著の中で述べてきたように、筆者は「日向」を地名と考える。九州南部の日向だ。また、天孫降臨後の王家の祖が日向で暮らし、神武天皇の代に至り、東に移ったのは、何らかの史実に基づいていたと考える。

神武天皇の母と祖母はどちらも海神の娘で、しかもその海神を祀っていたのは、奴国（福岡市周辺）の阿曇《あずみ》氏だった。ヤマト建国の前後、弥生時代の倭国を代表する奴国は衰退し、ヤマトに裏切られ、阿曇氏の祖は王家（天皇）の祖と共に南部九州に落ち延びた。そのちに神日本磐余彦尊《かむやまといわれびこのみこと》（神武天皇）となる御子は、ヤマト政権側から、「祟る鬼を退治する祭司王（政治権力を持たない弱い王）」として招かれたのだと思う。つまり、その神武天皇が、日向御子であろう。

ヤマトの統治システムは、実力を持った豪族が、弱い祭司王に娘をあてがい、生まれ落ちた子を即位させることによって、弱い祭司王の宗教的権威を背に、経済的・軍事的実力者がヤマトを治めるという方法だった。その最初の祭司王が、九州からやってきた神武天皇だと筆者は考えている。

神武天皇とオオタタネコには、共通点がある。まず、二人とも歴史時代の人物だが、親は神だ。しかも、母親の名がよく似ている。オオタタネコの母は「活玉依媛」で、神武天皇の母は「玉依姫」と、どちらにも「タマヨリ」(玉依)がつく。これは「神霊が依《よ》り憑《つ》く」の意を表わし、要は「巫女《みこ》」である。

神武天皇は物部氏の祖ニギハヤヒがヤマトを治めている時代に、日向から東に向かったが、オオタタネコも、物部系の崇神天皇に招かれてヤマトに入った。物部氏の遠祖大綜麻杵《おおへそき》の娘の伊香色謎命《いかがしこめ》が、崇神天皇の母親だ。神武天皇とオオタタネコは同一人物で、日向御子だろう。祟るオオモノヌシを祀る鬼でもある。

神武天皇はヤマト建国の地である纏向ではなく、橿原に宮を建てている。その周辺には九州の海人たちが集まって住んでいた。彼らは実権を持たない王を守って暮らしていたのだろう。

つまり、上毛野氏の第三のグループは、三輪山の祟るオオモノヌシを祀るためにヤマトにやってきた神武天皇とは近しい血縁関係にあって、だから祖の名に「日向」があてがわれた可能性が高い。大阪の南部、和泉地方を拠点にしていた。彼らだったが、後世も王家との強い絆は失わなかったのだろう。

さらに、ヤマトの王家の末裔の誰かが、「東国の祭司王」「東国を治めるための権威」となったのではなかったか。

「ヤマトの統治（祭祀）システム」は、そのまま東国に遷《うつ》され、上毛野氏とは、その権威を掲げて乗り込んできた王（東にやってきた王）と、土着の有力者が結合して生まれた氏族なのだろう。

上毛野氏の三つのグループを整理すると、次のようになる。

① 土着の有力氏族（豪族）
② 藤原氏の権力に乗じて系図入りした百済系氏族
③ ヤマトから来た祭司王の末裔とその周辺氏族

ただし、成立の順序は①→③→②である。

③のグループによって、上毛野氏と三輪の神との関連性が生まれた。

②の百済系は最後の最後にむりやり紛れ込んだ。

上毛野氏の実体がぼんやりとしていたのは、その多様性にあった。それもそのはず、地元の豪族が力をつけ、さまざまな出身氏族を吸収しながら成立していった複合氏族だったのである。

前方後円墳が結ぶヤマトと上毛野

ここで、上毛野と関東の古墳について考えておこう。

古墳時代前期前半に、関東で前方後円墳や前方後方墳は造られはじめていた。上毛野、上総、常陸の古墳は、すでに墳丘長一三〇メートルを越えていた。また、相模、南武蔵、那《な》須《す》、下毛野には一〇〇メートル級の前方後円墳と前方後方墳が出現した。

前期中葉の段階では、常陸の梵天山《ぼんてんやま》古墳が最大（一六〇メートル）で、上毛野と上総のそれは一三〇メートル代と、やや小振りだった。関東の新たな農地を開拓したとはいえ、まだ、強大な勢力はまだ出現していなかったのだ。

ところがこのあと、関東の古墳は徐々に大きくなっていく。前期後半から中期初頭、とくに上毛野の古墳が大きくなっていく。利根川支流の烏《からす》川東岸で、いくつもの川の合流点に、大きな古墳が出現する。

たとえば浅間山《せんげんやま》古墳（群馬県高崎市）は一七二メートルで、四世紀後半の東日本最大の前方後円墳だ。二〇の周濠を備え、周囲にいくつもの古墳（大鶴巻《おおつるまき》古墳や小鶴巻古墳などの前方後円墳、大山《おおやま》古墳や安楽寺《あんらくじ》古墳などの大型円墳）が点在し、浅間山古墳を頂点にしたヒエラルキーを形成している（倉賀野《くらがの》古墳群）。

しかも、倉賀野の浅間山古墳は、奈良市の佐紀《さき》陵《みささぎやま》山古墳（二〇九メートル、垂仁天皇の皇后日葉酢媛《ひばすひめ》の陵墓に比定されている）と形（墳形規格）が同じで、五分の四に縮小したものだ。葺石《ふきいし》（墳丘の表面を石で葺く）を採用し、円筒埴輪《えんとうはにわ》や盾形《たてがた》埴輪などを備えていることから、ヤマトの王権と深くかかわりを持ち出したことを示している。

ちなみに、ヤマト建国時の大王の古墳は奈良盆地南東部のオオヤマト古墳集団（纒向古墳群、柳本《やなぎもと》古墳群、大和《おおやまと》古墳群）だったが、四世紀中葉に、盆地の北側に巨大古墳が造営されるようになった（佐紀《さき》古墳群）。

王権内部で何かしらの政治力学に変化が起きていたのだろうと考えられているが、これは朝鮮半島情勢に積極的に介入しようとしている時期でもある。浅間山古墳の被葬者も、このヤマト政権の変化とかかわりがあったのではないか。

浅間山古墳の築かれた一帯の古墳では、最古級の石製模造品が副葬されている。滑石《かっせき》（ソープストーン）でつくった武具などの模造品で、祭祀や儀礼に用いる。

これらは、まずヤマトで生産が始まったもので、しかも佐紀古墳群とかかわりが深く、非常に早い段階で、群馬にもたらされていたことがわかる。

上毛野の王は、ヤマトの佐紀の大王と強い力で結ばれ、佐紀の大王の祭祀形態、墳形規格などを素直にとり入れていたことになる。

またこのあと、白石稲荷山《しらいしいなりやま》古墳（群馬県藤岡《ふじおか》市。一五〇メートル）が造営される。東西二基の礫槨《れきかく》に別れ、男女の首長が埋葬されていた可能性が高い。内行花文鏡《ないこうかもんきょう》や四獣鏡、滑石製石枕、滑石製勾玉《まがたま》（石製模造品）、鉄刀などが副葬され、埋葬施設の上から家形埴輪群や短甲《たんこう》形《がた》埴輪が見つかっている。これらは、畿内の技術を用いて造られたと考えられ、古墳時代中期初頭に北関東に出現した画期的な古墳だった。

浅間山古墳や白石稲荷山古墳が造営された場所は多くの河川が集まる場所で、新潟県や長野県から信濃川（千曲川）をさかのぼり、碓氷峠を下った荷物が集積される場所だ。関東北部から河川を下り、東京湾から外海に出て西に向かえば、瀬戸内海、北部九州、朝鮮半島へつながる海の道も確保できた。もちろん、その逆に向かうルートも想定可能だから、東京湾から旧利根川をさかのぼってきた荷もここに集められただろう。

纒向遺跡の時代の布留《ふる》式土器が、この一帯から多く見つかることも、無視できない。江戸時代には、大型古墳が築かれた倉賀野河岸が「津」として利用された。古代から、この一帯が北関東を代表する流通のジャンクションになっていたのである。

ところで、浅間山古墳だけではなく、日本各地で、佐紀陵山古墳の墳形規格は踏襲《とうしゅう》されている。瀬戸内海に面し淡路島を威圧するかのようにそそり立つ兵庫県神戸市の五色塚《ごしきづか》古墳（一九四メートル）、日本海側の京都府与謝野《よさの》町の蛭子山《えびすやま》古墳（一四五メートル）、京都府京丹《きょうたん》後《ご》市の神明山《しんめいやま》古墳（一九〇メートル）、同市の網野《あみの》銚子山《ちょうしやま》古墳（二〇〇メートル）が挙げられる。

しかも、これらの古墳と佐紀陵山古墳の大きさは拮抗《きっこう》していて、当時のヤマトの王家の実力を知ることもできる。まだヤマトが他地域を力で圧倒することはできなかったのだ。

東日本全体でも、この頃、巨大前方後円墳が出現している。宮城県名取《なとり》市の雷神山《らいじんやま》古墳は一六八メートル、山梨県甲府市の銚子塚《ちょうしづか》古墳は一六五メートルで、群馬県太田《おおた》市の別所茶臼山《べっしょちゃうすやま》古墳が一六五メートル。これらに浅間山古墳をあわせて四基の巨大古墳が東日本に出現していた。

ところで、別所茶臼山古墳は四世紀末から五世紀初頭に造営されたが、北側には古墳造営の直前、四世紀の中溝《なかみぞ》・深町《ふかまち》遺跡（群馬県太田市）が見つかっている。東国で嚆矢《こうし》となる大型首長施設だ。首長の居住と祭祀のゾーン、一般集落、周溝墓《しゅうこうぼ》のゾーンからなる。赤城山山麓の大間々扇状地《おおまませんじょうち》のへりに位置して湧き水の豊富な場所で、用水路や井戸が備わる。

別所茶臼山古墳は、浅間山古墳から見て東側、「利根川など大型河川に面していない場所」に造られている。「流通を支配する王」から、「農業水利権を確保する王」へと代わっていったようだ。

このあと、五世紀前半、上毛野国の東部に太田天神山《おおたてんじんやま》古墳（太田市）が出現する。二一〇メートルで二重の濠《ほり》を備えている。正確にいえば、考古学の世界では、二〇〇メートルを越える古墳を「巨大」と表現する。正真正銘、東国で巨大古墳はここだけ、日本列島全体で見ても、この古墳がある群馬県と奈良県、大阪府、京都府、岡山県の五つの地域だけだ。太田天神山古墳がいかに特別な前方後円墳だったかがわかる。

五世紀前半になぜ群馬県が発展したのかといえば、高句麗の南下政策が大きな意味を持っていた。ヤマト政権は任那《みまな》（伽耶諸国）の権益を守り、先進の文物を確保するために、大軍を派遣した。その中でも、北関東の活躍が目立つ。すでに述べたように、アラタワケ（トヨキイリヒコ四世の孫）らの活躍が、『日本書紀』で確認できる。

この時期からあと、上毛野の地域には、渡来系の文物が大量に流れ込んでいる。そして、軍団を率いる状況の中で、北武蔵を含めた広い地域の人々を導く強い王が求められ、いくつもの族長が、太田天神山古墳に眠る首長の元に集まったわけである。

この時期、上毛野の首長は、ヤマト政権と密接な関係を築いていた。太田天神山古墳で用いられた石棺《せっかん》は「長持形《ながもちがた》」で、「王の棺《ひつぎ》」とも呼ばれていたが、この石棺はヤマト政権の大王と、畿内の大豪族だけに許された特別な石棺だった。上総と下総にも長持形石棺は登場していたが、畿内のものとそっくりなのは、太田天神山古墳ともうひとつ、同時期の群馬県に造られた、お富士山《ふじやま》古墳（伊勢崎《いせさき》市）だけである。

　このように太田天神山古墳は、関東の古代史の中で大きな意味を持っていた。六世紀後半まで、上毛野の地域に造られた主な前方後円墳には、太田天神山古墳の墳形規格が継承されていくのである。

前方後円墳 vs 前方後方墳

　ここで話は、赤城神社に残された「上毛野と下毛野の神がケンカをした」という話に戻っていく。神社伝承は笑殺されることが多いが、意外な歴史解明のヒントを握っていることがある。

　『日本書紀』に従えば、上毛野氏と下毛野氏は同じトヨキイリヒコの末裔なのだが、それぞれが造った古墳の様子をみると、別の世界の人びととしか思えない。下毛野国は前方後方墳王国（くどいようだが前方後円墳ではない）だったからである。

　北関東で特筆すべきは、その古墳時代が、前方後円墳ではなく前方後方墳から始まっていたことだ。前も後ろも、二つの方形をつなげた形の墳墓である。下毛野の地域では、古墳時

下毛野が守る前方後方墳文化

美しい方形を保つ下侍塚古墳

空から見た上侍塚古墳

代前期に前方後方墳が盛んに造られた。

五世紀初め頃の下侍塚《しもさむらいづか》古墳（栃木県大田原市佐良土《さらど》、八四メートル）などは、「日本一美しい前方後方墳」と称賛されている。前方後方墳のどこが美しいのかと思われる方は、実物をご覧になってみることだ。小振りだが端正で、じつに心地よい。

元禄《げんろく》五年（一六九二）にこの前方後方墳を調査し、整備したのは水戸光圀《みとみつくに》（黄門さま）で、遺跡保存のために墳丘上に松を植えた。それがまた、いいアクセントになっていて、美しさを際立《きわだ》たせている。

そして、この一帯に、いくつもの前方後方墳が造られている。近くに上侍塚古墳もあって（もちろん前方後方墳）、全長は一一四メートルある。また七世紀末に下るが、よく知られた那須国造碑《なすのくにのみやつこのひ》も近くにある。

下毛野では、葺石と円筒埴輪を用いた本格的な畿内様式の前方後円墳は、ようやく五世紀中葉（古墳時代中期中葉）になって造られるようになる。鬼怒川流域の笹塚《ささづか》古墳（宇都宮市、一〇五メートル）が最初の例だ。五世紀末から六世紀初頭にかけて、ようやく一二〇メートルを越える前方後円墳が出現している。

そこで、前方後方墳について、少し説明しておこう。

かつて前方後方墳は、前方後円墳を頂点とするヒエラルキーの二番手と考えられていたし、この考えは、まったくの間違いではなかった。ところが前方後方墳は、近江や伊勢湾沿岸部で前方後円墳とほぼ同時に発生し、しかも、前方後円墳よりも早い段階で各地に伝播《でんぱ》していたのではないかとする説が登場した。

植田文雄《うえだふみお》は『「前方後方墳」出現社会の研究』（学生社）の中で、古墳出現期には、前方後円墳と前方後方墳は主従の関係にはなかったという。また、前方後方墳は前方後円墳の影響を受けて誕生したという常識にも、否定的な推理を働かせている。前方後方墳が誕生した地域では、それ以前に「方形墓《ほうけいぼ》」が造られていて、方形墓に通じる道としての前方部が付け足されたと考えた。

まず植田文雄は、ヤマト建国の地で前方後円墳が出現した纏向と、前方後方墳が誕生した近江や東海の土器編年を見直し、前方後方墳出現の実年代を再点検した。

すると、纏向遺跡に人びとが集まってきたちょうどその頃、前方後方墳が近江に出現していたと指摘したのだ。日本で最初の前方後方墳は、滋賀県東近江市《ひがしおうみし》の神郷亀塚古墳《じんごうかめづかこふん》だ。全長約三六・五メートルで、築造が始まったのは弥生時代後期末、完成は「庄内《しょうない》式古段階」（要は纒向遺跡出現当時）だったことがわかってきた。

そしてこの新しい埋葬文化は、伊勢湾沿岸部に伝わり、さらに前方後円墳よりも速く、各地で採用されていったことを突きとめたのだった。わかってきたことを要約すると、以下のとおり。

① ヤマトと四国の一部を除く各地の首長が前方後円墳ではなく、前方後方墳を採用していた。

② 築造の法則や設計図が存在していた可能性が高い。相似形、同規格の前方後方墳が見つかっている。

③ 前方後方墳の規模にばらつきがあり、階層分化の兆《きざ》しが見受けられる。

④ 九〇～一二〇メートルの大規模な前方後方墳が造られるようになる。

これまでほとんど注目されてこなかった前方後方墳だが、ヤマト建国の前後、前方後円墳と張り合うような形で大きな影響力を持っていたことがわかる。

また、前方後方墳出現期の様子を四期に分けた植田文雄は、その伝播の様子を次のようにまとめている。

第一期　前方後方墳の出現期で、近江地方と濃尾地方で弥生時代以来の首長層が同一の地域に前方後方墳を築き上げている。

第二期　愛知県と滋賀県だけでなく、富山県へ伝わる。

第三期　千葉県、長野県、石川県、畿内。

第四期　関東内陸部、東北南部、播磨、北部九州にも伝わった。

そして第五期には、日本各地で前方後方墳が造られるようになっていったのである。

前方後方墳出現期の第四期は、纒向遺跡で「定型化した前方後円墳」が出現した時代と重なる。卑弥呼の墓ではないかと疑われている箸墓古墳が代表例だ。

箸墓古墳は、炭素14年代法によって古く見積もれば三世紀半ばの造営となるが、この測定法には誤差もある。すると四世紀の造営にずれ込む可能性もあるから、「卑弥呼の墓」とはしゃぐのは勇み足だ。関東の前方後方墳には多くの場合、東海系土器がともなうこともわかっている。

興味深いのは、下毛野周辺に濃厚な前方後方墳の密集地帯が残されたことだ。

すでに触れたように、この一帯は縄文的な文化を色濃く残していた。だから、下毛野国の二荒山の神と上毛野国の赤城山の神の争いも、このような「前方後方墳や縄文文化など、古いものにこだわった下毛野国」と「先進の文物に飛びついた上毛野国」の気質の差、勢力図の差として、とらえ直すことが可能になる。

それにしても、なぜ北関東の下毛野国は、前方後方墳を選んだのだろう。

その謎解きのヒントは、「関東の出雲神《いづものかみ》」に隠されていると思う。前方後方墳を造り続けたもうひとつの地域は、出雲（島根県東部）だったからだ。詳しくは次章で説明しよう。

「関東の出雲」は、武蔵国にも強く残っている。武蔵国に、関東と出雲をつなぐ絆《きずな》の謎を解き明かすヒントが隠されている。そもそも、なぜ関東に遠い出雲とのかかわりが生まれたのだろう。

第三章　点在する出雲《いづも》系神社の謎

武蔵国造《むさしのくにのみやつこ》は出雲系

南関東を代表する神社のひとつが、武蔵国一之宮氷川《ひかわ》神社（さいたま市大宮《おおみや》区高鼻町《たかはな》）だ。旧大宮市に鎮座するが、「大宮」の地名は、この「大いなる宮居《みやい》」と呼ばれた古社が鎮座していたことに由来する。

大宮神社の西側を流れる荒川は、かつて東側を流れ、低湿地（見沼原《みぬまはら》）を形成し、それを見下ろす台地に武蔵国造家は住まいを造り、神社が鎮座していた。また「高鼻町」の地名は、湿地帯に半島状に伸びる地形から生まれたものだ。

ちなみに、縄文海進の時代、内海は東京湾からさいたま市を通り過ぎ、栃木県の南部まで続いていた。その頃、氷川神社が位置する土地は本当の半島だったわけである。

氷川神社の参道は今でも南側に約二キロと長く、往時の境内の広さが想像できる。一九万坪が神社の境内だったらしい。

関西の方には馴染《なじ》みが薄いだろうが、氷川神社は南関東に広く分布し、約二八〇社ある。荒川流域に沿って分布域が広がって、川の水神、農耕の神として厚く崇拝されていた。

主祭神はスサノヲ（『日本書紀』の表記は素戔嗚尊、『古事記』は須佐之男命）である。つまり、出雲系の神社だ。「氷川」の社名は、スサノヲの故地である出雲国の「簸川《ひのかわ》」から付けられた。近くを流れる荒川を「簸川」になぞらえたらしい。合わせてスサノヲの妻イナダヒメ（稲田姫命）とオオナムチ（大己貴命、スサノヲの子？）、スサノヲの姉のアマテラス（天照大神）なども祀られている。

明治元年（一八六八）十月十三日、東京に遷御《せんぎょ》された明治天皇は、最初の行幸地に氷川神社を選んでいる。南関東どころか、関東全域を代表する社といってもいいだろう。

社伝に、第五代孝昭《こうしょう》天皇の時代に創建されたとあるが、欠史八代《けっしはちだい》は存在しないと考えられているから、この言い伝えを信じるわけにはいかない。

「延喜式神名帳《じんみょうちょう》」（『延喜式』の巻九と巻十）には、ヤマトタケルが東征に際し、ここにスサノヲを勧請したという。この伝承も一般には信じられていない。

では、なぜヤマトタケルと出雲のスサノヲがつながってくるのか、なぜ関東に出雲の神が祀られているのか、ということである。

「国造本紀」（『先代旧事本紀』の巻十）の「无邪志《むさし》国造」の項に、第十三代成務《せいむ》天皇の時代、出雲臣の一族エタモヒ（兄多毛比命）が任命されたといい、そのすぐあとに、エタモヒの子が「胸刺国造《むさし》」に任命されたという記述がある。

『日本書紀』神代上第七段一書第三に、

「天穂日命《あめのほひのみこと》（アメノホヒ）。此《これ》出雲臣・武蔵国造・土師連《はじのむらじ》等が遠祖なり」

とある。ここでも武蔵と出雲がつながってくる。

『古事記』にも、武蔵国造と出雲国造家をつなぐ記事が残されている。アマテラスとスサノヲの誓約《うけい》の場面で、アマテラスの子となった神の中に、アメノホヒ（天之菩卑能命、『日本書紀』の表記は天穂日命）がいて、子のタケヒラトリ（建比良鳥命）が、「出雲」や「武蔵」などの国造の祖に当たる、と書かれている。

やはり、武蔵国造と出雲国造は、強い縁でつながっているようだ。武蔵国造が出雲系だから、氷川神社の祭神はスサノヲだったと察しがつく。

関東一の出雲系神社

大宮の名にふさわしい長い参道

池の名に付く「蛇」は、出雲神を祀る証

なぜ関東の国造になった？

それにしてもなぜ、遠く離れた出雲国造家の一族が、関東に遣わされたのだろう。

「国造本紀」に出てくる関東の二四の国造を並べると、興味深い。それらを天皇ごとに時代順にまとめると、次のようになる。

崇神天皇（三世紀後半から四世紀）……上毛野国造、知々夫《ちちぶ》国造（武蔵国北西部）

景行天皇（四世紀前半）……那須国造（下野国北東部）

成務天皇（四世紀）……相武国造、師長国造、无邪志国造、須恵《すえ》国造（上総国南西部）、
馬来田《まくた》国造（上総国中西部）、上海上《かみつうなかみ》国造（上総国中西部）、伊甚《いじみ》国造（上総国東部）、
武社《むさ》国造（上総国北東部）、菊麻《きくま》国造（上総国北西部）、阿波国造（安房国西部）、
新治《にいはり》国造（常陸国西部）、筑波国造（常陸国西南部）、仲《なか》国造（常陸国東部）、
久自《くじ》国造（常陸国北部）、高《たか》国造（常陸国北部）

応神天皇（五世紀初頭）……印波《いんば》国造（下総国中部）、下海上《しもつうなかみ》国造（下総国東部）、
茨城国造（常陸国中部）、道口《みちのくちの》岐閉《きへ》国造（常陸国北部）

「国造本紀《こくぞうほんぎ》」に登場する関東の国造

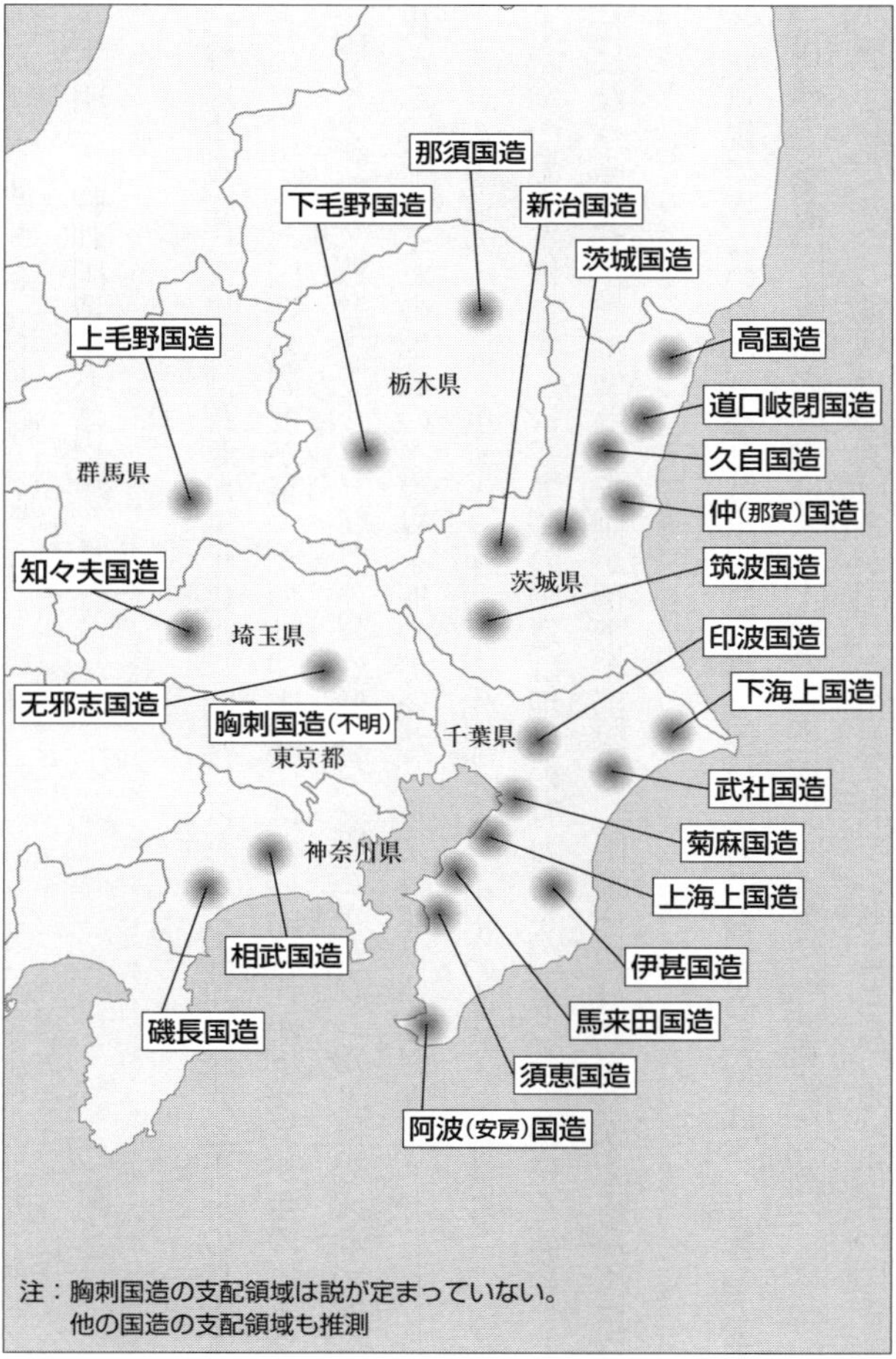

注：胸刺国造の支配領域は説が定まっていない。
他の国造の支配領域も推測

仁徳天皇（五世紀）……下毛野国造
時代不明……胸刺国造（武蔵国）

ここに登場する歴代天皇が活躍した実年代は、明確にはわからないが、おおよその目安をつけておいた。また、国造の制度が整ったのは、実際にはだいぶ時代が下ってからのことである。「国造本紀」が記録するような崇神天皇の時代に、国造が存在したとは思えないが、ある時代から、それぞれの地域の主導権を握っていたと考えればよいと思う。

また、これら国造の中には、出雲臣、和邇《わに》臣、物部連ら、中央の豪族も散見できる。『先代旧事本紀』の記事を総合するに、多くの国造は地元の有力者を国造として地位を認めたということになりそうだが、ヤマト政権側が落下傘部隊的に国造を送り込んだ例も少なくはなかった。

このうち無視できないのは、やはり出雲臣（出雲国造家）だ。相模の「相武」、上総の「上海上」「伊甚」「菊麻」、安房の「阿波」、下総の「下海上」、常陸の「新治」「高」、武蔵の「无邪志」、これら九つの地域で出雲臣系が国造の祖とされていることだ。なぜ出雲の国造家の親族が、関東に多数派遣されたのだろう。

もうひとつ、古代の大阪（摂津、河内、和泉）を地盤にしていた凡河内直《おおしのかわち》（河内直）の出身者も、多く関東に遣わされている。相模の「師長」、上総の「須恵」「馬来田」、常陸の「筑波」「茨城」の五つの国造の祖とされる。

凡河内氏の素姓はわかるのだろうか。『日本書紀』のアマテラスとスサノヲの誓約の場面で、スサノヲは天照大神の髻《みづら》、鬘《かづら》、腕に巻いている八坂瓊《やさかに》の五百箇御統《いおつみすまる》を求め、天真名井《あまのまない》にすすいで噛み砕《くだ》いた。そのとき吹き捨てる息の中から、天皇家の祖オシホミミ（正哉吾勝《まさかあかつ》勝速日《かちはやひ》天忍穂耳尊）、出雲臣の祖アメノホヒ、アマツヒコネ（天津彦根命、河内直、山代直《やましろ》らの祖）ら、五人の男子が生まれた。

これによると、河内直は天皇家や出雲国造家の祖と兄弟だったことになる。出雲国造家のみならず、凡河内氏も、由緒正しい、神話の時代から続く家系だったわけだ。

凡河内氏は、雄略天皇の時代にも登場する。雄略九年二月一日条に、凡河内直香賜《かたぶ》と采女《うねめ》を遣わし、胸形神《むなかた》（宗像神）を祀らせた。二人は神域に行き、神事を行なおうとしたが、凡河内直香賜は采女を犯してしまった。香賜は捕らえられ、殺された。

安閑《あんかん》元年（五三四）閏十二月四日条には、天皇が三嶋《みしま》（摂津の東の端、三島郡）に行幸した時、三嶋県主は良田四〇町を献上したことが記されている。ところが凡河内直は、渋った。すると、郡司職を解かれそうになったので謝り、毎年多くの钁丁《くわよぼろ》（農具）を奉献することを約束し、命乞《ご》いをした。

『関東の古代社会』（名著出版）の中で遠藤元男《えんどうもとお》は、これらの事件を雄略朝の五世紀のことと見なし、政争の結果、彼らは辺境で未開の原野が広がる関東に移住させられた（つまり懲罰による移住）と言っているが、はたして本当だろうか。

確かに、凡河内氏の一族は王家の怒りを買うことばかりしているが、関東の国造になることは、流罪のような不名誉なことだったのだろうか。

当時の関東は「新天地」であり、発展する可能性が高まりつつあった土地だった。『日本書紀』は、関東を低く見せるために色々な小細工をしてみせる書物なので、鵜呑《うの》みにはできない。

なぜ、アメノホヒやアマツヒコネといった、アマテラスとスサノヲの誓約で生まれた神々の末裔が、関東に遣わされたのだろう。

河内直の場合は、「ヤマト政権が中央から遣わして関東のさらなる発展を促《うなが》した」とでも説明がつくが、出雲国造家の場合は不可解だ。

「関東の出雲」の謎を解く鍵のひとつは、前方後方墳だと思う。

なぜ、栃木県は前方後方墳を採用し、しばらく前方後円墳を拒み、独自の埋葬形態にこだわり続けたのだろう。

興味深いのは、出雲国造家も、前方後方墳をかたくなに守り続けていたことだ。出雲国造家が拠点にしていた出雲の東部（意宇《おう》の地域、現在の松江市）で、古墳時代を通じて前方後方墳を造り続けた。これは、じつに不可解なことだ。

弥生時代後期の出雲では、四隅突出型墳丘墓《よすみとつしゅつがたふんきゅうぼ》という独自の墳丘墓が発達し、巨大化し、この様式が日本海を伝って越《こし》（北陸）にもたらされていた。しかし、ヤマト建国後しばらくして、出雲では前方後方墳が採用されていく。出雲国造家がこの墳形にこだわった。

前章で触れているように、前方後方墳は近江で生まれ、伊勢湾沿岸部（東海地方西部、尾張）にすぐ伝わり、その後、各地に伝播していった。その直前、但馬と丹波（タニハ連合）が近畿と近江、東海に先進の文物を流し、一帯に富が蓄積され、前方後方墳が生まれ、その埋葬文化が関東にもたらされたのだ。そして出雲では、国造家が、前方後方墳に最後までこだわり続けた……。

ここに、二つの突っ込み所がある。

第一に、なぜ関東に前方後方墳がもたらされたのだろう。

第二に、出雲国造家の同族が関東に遣わされ、出雲系の神が多くの場所で祀られるようになったが、前方後方墳と出雲国造家の間に、因果関係を見出すことはできるのだろうか。

「出雲の国譲り」を果たした尾張《おわり》氏

そこで問題とすべきは、出雲国造家の正体だ。

じつは彼らは、出雲土着の豪族ではない。出雲国造家の祖アメノホヒは、「天神が出雲支配のために派遣した神」なのだ。では、アメノホヒは実際にヤマトからやってきたのだろうか。結論を先にいってしまえば、アメノホヒは尾張系である。そしてここに、大きな意味が秘められている。

なぜそう考えるのか、理由は他の拙著の中で述べているので（『出雲大社の暗号』講談社プラスアルファ文庫)、ここでは簡単に説明しておこう。

『日本書紀』の「出雲の国譲り」神話で、アメノホヒは、天上界(高天原《たかまがはら》)から先遣《せんけん》部隊として派遣されるも、出雲神と同化して復命しなかった。そこでフツヌシ(経津主神)とタケミカヅチ(武甕槌神)が遣わされ、国譲りを強要した。この場合、アメノホヒは裏切り者になるが、なぜかのちに出雲国造に任命されている。

しかし、『日本書紀』の描いた図式を、出雲国造家が「それは違う」といっている。出雲国造は、新任されて一度都に上る際に『出雲国造神賀詞《かむよごと》』を奏上するが、その中に「アメノホヒは出雲を制圧した」と出てくる。

この構図は『日本書紀』と矛盾するが、アメノホヒの末裔が国造に任命されているのだから、こちらのほうが筋が通っている。アメノホヒが出雲を鎮圧したから、のちに国造に任ぜられたということだが、考古学的にも、この説明がもっとも整合性を持っている。

問題は、アメノホヒの正体だ。鍵を握っていたのは、出雲の国譲りの内幕である。

出雲の国譲りは、神話の時代にはフツヌシとタケミカヅチによって成し遂げられたが、歴史時代に入ると、物部氏と尾張氏がコンビを組んで「出雲いじめ」をくり返す。フツヌシは物部系の神と考えられているが、するとタケミカヅチは尾張系ではあるまいか。

フツヌシとタケミカヅチのコンビは、そのまま物部氏と尾張氏の関係に重なって見える。

タケミカヅチと尾張氏のつながりは、拙著『出雲大社の暗号』の中で詳述したが、要点だけまとめておく。

『古事記』によれば、イザナミはカグツチ（火之迦具土神）を生んだときホト（女陰）を焼かれて亡くなった。夫のイザナキはカグツチの首を切ると、多くの神が生まれ、その中にタケミカヅチ（建御雷之男神）がいた。タケミカヅチが「カグツチの子」だった意味は、とてつもなく大きい。

「カグ」で思い出すのは、ヤマトを代表する霊山天香具山《あまのかぐやま》で、神武天皇はこの山の土を採って土器を造り、呪術をすることで、ヤマトの王になった。

天香具山は「ヤマトの物実《ものざね》（象徴）」と称えられたが、この「天香具山」の名を負った人物が、尾張氏の祖アメノカゴ（カグ）ヤマ（天香語山命）なのだ。尾張氏とタケミカヅチが「カグ」でつながり、しかも、神話世界で出雲を成敗するのが「物部系のフツヌシと尾張系のタケミカヅチ」のコンビであり、現実世界では「物部氏と尾張氏」が何度も手を組み、出雲をいじめている。これは偶然ではあるまい。

大和岩雄も、草薙剣や十握剣《とつかのつるぎ》(天之尾羽張《あめのおはばり》)のつながりから、タケミカヅチを尾張系と見なしている(『神社と古代王権祭祀』白水社)。そして、出雲を制覇したタケミカヅチや尾張氏の枝族《しぞく》が、出雲国造家だろう。

タケミカヅチを尾張系と見なすと、出雲国造家をめぐる多くの謎が解けてくる。まず、出雲国造家は当初、出雲大社(杵築《きつき》社)ではなく、松江市街から南へ一五キロほど入った山間に鎮座する熊野《くまの》大社を丁重に祀っていた。

一般には、出雲の熊野大社が紀伊半島に勧請《かんじょう》されたと信じられているが、実際はその逆で、出雲国造家の祖の尾張氏が紀伊半島から出雲に持ち込んだと考えるべきだろう。「神武東征」説話の中で、尾張氏の祖のタカクラジ(高倉下)は、紀伊半島で神武天皇を助けている。優秀な海人でもあった尾張氏は、紀伊半島を勢力圏に治め、深い山中から、船を造るための木材を手に入れ、熊野の神を祀っていたのだろう。

すると、出雲国造家が前方後方墳にこだわった意味もわかってくる。近江や伊勢湾沿岸部で完成した前方後方墳を、尾張氏が出雲に持ち込んだ。

さらに、なぜ北関東に前方後方墳が造られ、出雲国造家と同族の国造が関東広域の九カ所に送り込まれたのかといえば、古墳時代に東海地方から多くの文物が流れ込み、しかもそれを尾張氏の祖が手がけていたからだろう。

出雲神を祀る尾張氏は、自分たちが祀る神を関東にも広めていったにちがいない。

弱い王が関東を利用して力をつけた

「関東の出雲」の謎が解けたところで、話は関東と大王家の関係に移る。

ヤマト政権が関東の発展を促し、関東は見事に成長したが、その果実を大王家がもぎ取りに行った気配があるからだ。

ここで、弱かった王がどのようにして中央集権国家を目指すことができたのか、その様子を関東という視点から、見つめ直す必要がある。

五世紀後半、雄略天皇は強い王を目指したが、この流れはやがて中央集権国家の建設という形をとり、六世紀の継体天皇や七世紀の蘇我氏の政権、天武天皇らに引き継がれ、八世紀の律令制度の完成によって落ちついた。

律令とは明文法のことで、「律」（刑法）と「令」（行政法）からなる。また、土地改革も含まれ、豪族たちが私有していた土地を朝廷（天皇）があずかり（あくまでこれが原則）、戸籍をつくり、民に農地を公平に分配した。土地を差し出した豪族には、その地域を支配管理する役人にとり立てることで応じた。

問題は、律令制度が天皇を頂点にした中央集権国家でありながら、天皇は、太政官《だいじょうかん》が奏上した案件を追認する権威的存在にすぎなかったことだ。天皇に実権はなかった。

ヤマト政権は、「巨大化していく銅鐸」を守った地域の人々（近江や東海、近畿地方）が集まって完成したが、銅鐸が巨大化したのは、前述したように、首長（王）が祭器を独占するのを防ぐためだったと考えられている。

すなわち、近畿地方から東側の地域は、強大な権力の発生を嫌っていたのであって、実際彼らがつくり上げたヤマト政権は、独裁王を排除したし、この伝統は紆余《うよ》曲折《きょくせつ》を経ながら、八世紀になって、原則として王に実権を与えない法制度＝「律令」を整えることで継承されたのだ。平安時代後半に、太上天皇＝「院」が独裁制を敷き暴走するのは、天皇家の長い歴史の中で特別なことであり、例外中の例外と考えてよい。

何を言いたいかというと、面積で世界最大級の陵墓である前方後円墳を三世紀から六世紀末（あるいは七世紀）にかけて日本各地で造り続けたのは、権威の象徴の氏上《うじのかみ》（王、首長）と首長霊《しゅちょうれい》を祀ることが目的だが、巨大古墳の造営はまた、ヤマト政権がシステム化した民衆の祭りの一形態であり、巨大な前方後円墳や墳墓は、弥生時代の巨大な銅鐸と同じように、地域の住民の誇りでもあったろうことである。

なぜこのような話をしたかというと、民が強い王の発生を嫌ったという風土の中で、いかにして中央集権国家（律令国家）が建設されていったのか、その謎を探る必要があること、そのヒントは、武蔵国で起きた事件から探ることができるからだ。

中央集権国家を構築する過程で、大王家が相対的な力をつけることに腐心していた。まず、王家が主導権を握り、発言力を高める必要があったからだ。

その具体的な動きが、武蔵国造の内紛と大王家のかかわりの中に残されている。地方豪族が何かしらトラブルを起こすと、土地を献上させ、大王家が直轄領にしていったが、武蔵国造が、まさに典型的な事件を起こしていた。

関東はヤマト政権の思惑《おもわく》によって発展したが、やがて、成長した東国の富と力を、ヤマトの大王家が手に入れようと目論んでいくのである。ここに、関東とヤマトの新たな関係が構築されていく……。

そこで今度は、武蔵国とヤマトの大王家の関係を知っておかねばならない。

武蔵国府は長い間、埼玉県北部に存在した。埼玉古墳群《さきたま》（埼玉県行田市《ぎょうだ》）の一帯が、武蔵国造の中心地だった（ただし、武蔵国造を中心として、複数の首長の系列が確認できる）。

現在では三〇万平方メートルの巨大な公園（さきたま古墳公園）として整備されており、その中に、五世紀末から六世紀末にかけての九基の大型古墳（前方後円墳や巨大円墳）が集まっている。

とくに丸墓山古墳《まるはかやま》（円墳）の直径は一〇五メートル、高さ一八・九メートル、これは円墳として日本で二番目の大きさで（二〇一七年に奈良市の富雄丸山古墳《とみおまるやま》が日本最大の円墳であることが確認されるまで、日本一と考えられていた）、その規模から武蔵国造の墳墓と考えられている。

埼玉古墳群の名が一躍全国区になったのは、稲荷山古墳鉄剣銘《いなりやま》《てつけんめい》が話題に上ったからだろう。発掘された鉄剣には、次の内容が記されていた。

辛亥《しんがい》（西暦四七一年と思われる）七月に、この銘文が記されたとある。乎獲居臣（ヲワケ）の上祖意富比垝《おほひこ》（阿倍氏の祖オオビコと同一人物か）から八代の系譜を書き連ね、その上で、ヲワケ一族が、代々杖刀人《じようとうじん》（大王の親衛隊）の長となって大王に仕えてきたこと、獲加多支鹵《わかたける》大王（雄略天皇とされる）が斯鬼宮《しきのみや》（磯城宮）で天下を治めていた時、ヲワケがお助けした（天下を左治《さじ》した）といい、この刀を造って一族が王に仕えていた由来を書き残すことにした、という。

ヲワケという人が、武蔵出身なのか、あるいは都人《みやこびと》だったのか、はっきりとわからない。これまでヲワケは中央の人で、地方の豪族に鉄剣を与えて、それが墓に埋められたと考えられてきた。つまり、稲荷山古墳の被葬者はヲワケではないとする説が有力視されてきた。ところが最近では、ヲワケは武蔵国から都に出仕し、だからこそ、彼らの系譜を誇らしげに記録したのだろうと、解釈されるようになってきた。

その根拠になったのは、同時代（五世紀後半）の貴重な銘文だ。解読が進んで、地方の人間が都に出仕していた可能性が浮かび上がってきた。それが江田船山《えたふなやま》古墳（熊本県玉名《たまな》郡和水《なごみ》町）から出土した大刀の銘文である。典曹人《てんそうじん》（文官）として雄略天皇に奉仕していた「ムリテ」（无利弖）という人が、この刀を造ったといっている。

武蔵国造家の繁栄の象徴

巨大円墳の丸墓山古墳（左）と鉄剣が出た稲荷山古墳（右）

稲荷山古墳鉄剣銘の一部。「上祖意富比垝」と確認できる

雄略天皇の時代に、群馬県と熊本県、東西二つの鉄剣に「治天下」「大王」の文字が刻まれていたことは画期的な発見だった。国家の統治システムや軍事組織が整いつつあったことがわかったからだ。そして、関東の武蔵の豪族が、武人としてヤマト政権内で重要な役割を担っていた可能性が高くなってきたわけである。

同じ時代、ヤマト政権が飛躍的に発展していた証拠も挙がっている。難波宮《なにわのみや》（大阪市中央区）の下層から、雄略天皇の時代の掘立柱《ほったてばしら》建物一六棟の倉庫群（法円坂《ほうえんざか》遺跡）が見つかったのだ（一九八七年から行なわれた発掘調査）。これにより、難波津（港）に近い場所に、各地から集めた税が収められ、海外からもたらされた文物が積み上げられたことがわかってきた。

雄略天皇は有力な皇位継承候補ではなかったが、クーデターによって有力皇族やその取り巻きの豪族たちを滅ぼし、玉座を獲得している。

ヤマト建国後のヤマトの王（大王、天皇）は祭司王で実権はなかったが、朝鮮半島で高句麗が南下政策をとり、朝鮮半島南部の国々が背後の憂《うれ》いのないヤマト政権に救援を求め、軍事介入しているうちに、東アジアで「倭（ヤマト）の王」が名を上げ、さらに、豪族たちの軍団を束《たば》ねる強い意志が必要になってきた。雄略天皇は、「強い王」を目指した最初の人物といっていい。

とはいっても、それまでヤマト政権を支えてきた葛城《かつらぎ》氏や吉備氏を次々と潰《つぶ》し、味方は少なかったはずで、どうやって権力を握ろうとしていたのだろう。『日本書紀』によれば、雄略天皇に付き従ったのは、渡来系の人びとだったといい、また、東国のパワーを引き出そうとしていた気配がある。

つまり、この瞬間に、ヤマトの王と東国が結びついた。

上毛野国や武蔵国の古墳が五世紀後半に巨大化するのは、雄略天皇に始まる中央集権化への野望が功を奏《そう》し、ヤマトの王と東国がともに力をつけ、ともに富を蓄《たくわ》えていった証拠となろう。

大王の権威を借りる

ところで、『日本書紀』安閑元年（五三四）に、武蔵国造の地位をめぐって争いが起きていた記録がある。この直前の継体《けいたい》二十一年（五二七）に九州で磐井《いわい》の乱が勃発し、その混乱が、ようやく収まりかけてきた頃だろうか。

「武蔵国造の一族、笠原直使主《かさはらのあたいおみ》と同族の小杵《おき》は、たがいに国造の地位を何年も争っていたが、なかなか決着は付かなかった。小杵の性格は険しく、反抗的だった。高慢《こうまん》で、従順な心がなかった。小杵はひそかに上毛野君小熊《おくま》に助けを求め、（笠原）使主を殺そうと謀《はか》った。使主は危機を悟り、走って逃げ、都に訴え出た。朝廷はさっそく使主を国造とし、小杵を誅殺《ちゅうさつ》した。

笠原直使主はかしこまって喜び、謹んで国家のためにと、横停《よこぬ》、橘花《たちばな》、多末《たま》、倉樔《くらす》の四カ所の屯倉《みやけ》（いずれも南武蔵と考えられている）を置いた」

「屯倉」は天皇家の直轄領で、仲裁のお礼に土地を差し出したわけである。小杵と手を組んだ上毛野君小熊に対し、朝廷がなんの咎《とが》も与えなかった。このため、上毛野氏の実力と、発言力の高さ、さらに東国の独自性が指摘されているが、色々な考えが提出されている。

この事件、いつごろ起きていたのか、定かなことはわかっていない。『日本書紀』は六世紀前半といっているが、五世紀後半、六世紀前半、七世紀初頭と、バラバラな仮説が立てられている。虚構ではないかとする説もあるが、一方で、武蔵の南北対立は実際に起きていて、北部武蔵の内輪の主導権争いか、あるいは北部武蔵とそこから別れた新興勢力の対立とする考えが提出されている。

そして、武蔵国に強い影響力を及ぼしていた上毛野氏の力を削《そ》ぐために、ヤマト政権が紛争に介入したのだとする説が根強い。

また、この時代、屯倉が盛んに設けられていことも事実だ。『日本書紀』では、安閑天皇と宣化天皇の時代に屯倉設置記事が集中している。ちなみに、このとき設置された屯倉のひとつが、上毛野国の緑野《みどの》屯倉（群馬県藤岡市あたり）だ。緑野屯倉一帯は東国有数の窯業地帯で、埴輪や須恵器の生産地だった。最先端の技術と知識がここに集まっていたことは間違いない。

また、直前に九州で起きていた磐井の乱で、筑紫君《つくしのきみ》磐井の子の葛子《くずこ》は、罪を許してもらおうと、屯倉を献上している。

ヤマト政権は乱を制し、北部九州の力を削ぐことに成功し、屯倉を獲得していたが、これと同じことが、武蔵国造の乱でも起きていたのではないかと考えられるようになった。

武蔵国造の乱は、上毛野氏を巻き込んだ武蔵国の首長の主導権争いだったが、勝敗を分けたのは、ヤマトの王権の支援をとり付けた側だった。勝った者も、屯倉を献上し、国造に任命されることでヤマト王権の一員に組み込まれることになる。人事権をヤマト王権に握られたようなものであり、王権側の影響力はいっそう強まることになった。

若狭《わかさ》徹《とおる》は『古代の東国1 前方後円墳と東国社会 古墳時代』（吉川弘文館）の中で、地方の首長が周囲の人々に共立されるスタイルから、王権の権威を借りていくようになったと言い、さらに、

「王権と東国の仕奉関係は一方的・抑圧的なものではなく、双方的な利害に基づくものであった」（前掲書）

と言っている。そのとおりだろう。

関東に住まわされた渡来人

祭司王に過ぎなかったヤマトの王が、いかに力をつけていったのか……。「東国」という要因だけではなく、もうひとつ、渡来人と先進の技術という要素も無視できない。

朝鮮半島や中国からもたらされる「輝く宝物（金属）」を、ヤマト政権は独占的に入手し、各地の有力者（豪族）に配ることで、政権の権威を高めようとした。五世紀に高句麗が南下政策をとってくれたおかげで、ヤマト政権は盛んに軍事介入し、朝鮮半島南部の国々は、見返りとして文物と知識をヤマト政権に払ったのだ。

古墳が巨大化していったのは、一種の「戦争特需」といっても過言ではなかった。古墳時代のヤマト（倭）の発展は、朝鮮半島の混乱と無縁ではなかった。

太古から日本列島には多くの渡来人（いわばボートピープル）が流れ着いてきたが、制度として渡来人が規定されたのは七世紀のことで、『日本書紀』には、東国に強制的に集団移住させられた記事が載る。

天智五年（六六六）是冬《この》条には、百済の男女二千余人を東国に住まわせたとあり、その後

も、天武十三年（六八四）五月、持統元年（六八七）三月、持統三年（六八九）四月、持統四年（六九〇）二月、和銅《わどう》四年（七一一）三月、霊亀《れいき》二年（七一六）五月、天平宝字二年（七五八）八月条に、同様の記事が載る。

住まわされたのは、ほぼ、関東全域と甲斐国、駿河国で、人数が多かったのは、天智五年（六六六）の百済人二千余人のあとは、霊亀二年（七一六）の東国の七つの国（駿河、甲斐、相模、上総、下総、常陸、毛野）にばらばらに住んでいた高麗人一七九九人が集められ、武蔵国に移して高麗郡《こまのこおり》（埼玉県日高市《ひだか》と飯能市《はんのう》）を置いたとする記事だ。

なお、天智五年（六六六）の記事では百済人が東国に移住させられていたが、天武十三年（六八四）以降は、もっぱら新羅と高句麗の人びとが東国に送られている。

そのため、関東の各地に、渡来系の神社や遺跡が散らばっている。いちばんわかりやすいのは、高麗神社《こま》（日高市）だ。旧高麗郷の入口に鎮座し、高麗王若光《こまおうじやっこう》を祀る。『続日本紀』の霊亀二年の記事にあるように、高句麗系渡来人がここに集められた。

高麗王若光は、実在の人物だ。時代が前後するが、天智七年（六六八）に唐に攻められて滅亡した高句麗の王族であり、日本に亡命してきたようだ。『続日本紀』にも登場する。大宝三年（七〇三）四月条に載っている。従五位下高麗若光に「キミ」（王）のカバネを賜ったとある。ただし神社では、「王」と書いて「キミ」ではなく、朝鮮半島の王を意味する「コキシ」と読んでいる。

神社の伝承によれば、若光は故国を去り、日本にやってきて、東海地方を東に向かったという。遠江灘《とおとうみなだ》を通り、伊豆《いず》を過ぎ、相模湾に入り、神奈川県の大磯《おおいそ》に上陸して留まった。大磯に鎮座する高来《たかく》神社は、もと「高麗神社」である。「コウライ」（高麗）の音から「高来」の字があてられた。

そして、『続日本紀』の記事にもあるように、天皇から「キミ」のカバネを賜った。霊亀二年、武蔵国（埼玉県）に移された時、高麗郡の大領《たいりょう》に任ぜられたという。

これは余談だが、東京都の多摩川周辺にも、高句麗との接点がある。狛江《こまえ》市の「コマ」も、高句麗とかかわりが深いからで、周辺の、たとえば調布《ちょうふ》市の深大寺《じんだいじ》付近も、同様に高句麗系の渡来人が住んでいたようだ。

騎馬民族である彼らは、信濃や北関東で馬の飼育を手がけていたが、南関東でも牧をつくっていき、朝廷にとって、貴重な「富」を生み出していったにちがいない。陸路が重視される時代、馬はさらに求められていっただろう。ここにも、「大王家を支えた関東」の痕跡を見る思いがする。

武蔵の中心が南に遷《うつ》る

武蔵国の中心が埼玉県側から東京都側に遷ったのは、現在の府中《ふちゅう》市に武蔵国府が造られた七世紀末から八世紀前半にかけてのことだ。巨大古墳やこれといった集落、大豪族の姿が想定できない土地に、なぜ国の中心が遷ってきたのだろう。

府中市から、国衙《こくが》（武蔵国府）の遺構が発掘されているが、遺跡のすぐ脇に大国魂《おおくにたま》神社が鎮座する。景行四十一年の創祀と伝わるが、本当だろうか。

武蔵国府は大化改新の時、こちらに遷ってきて、そのとき大国魂神社の境内に国府が建てられたというが、逆ではあるまいか。

もともと本殿は南向きだったが、平安時代に北向きに変えられたようだ。武蔵国の一之宮から六之宮までの六つの神を合祀しているため、六所宮《ろくしょぐう》、六社明神とも呼ばれてきた。その中で中心となっている神が、大国魂大神《おおくにたまのおおかみ》で、武蔵国開拓の神と崇《あが》められている。

大国魂大神は、出雲神のオオクニヌシ（大国主神＝オオナムチ）と同体と考えられている。神社の近くに、「野口仮屋」がある。オオクニヌシがこの地を訪れた時、一夜の宿を求めたが断られ、野口家（野口仮屋）でようやく泊めてもらえることができた。その「野口さん」の末裔が、今でも府中市内で酒屋を営んでおられる。

国府がこの地に遷されたのは、律令制度が整えられる過程で、民が税を運ぶためには陸路を整備する必要があったからだろう。天武天皇の時代、日本列島を網羅する「国道」計画が持ち上がったことと無縁ではない。実際、府中市の北側の国分寺市から、幅一二メートルの道の痕跡（東山道武蔵路跡《とうさんどうむさしみち》）が発見されていて、交通の要衝になっていたことがわかる。水運だけではなく、陸路を重視する時代が到来したのだ。

そのため、新たな国府の周辺は交通の要衝となり、鎌倉時代から室町時代にかけて、一帯で合戦が頻発する。同じ府中市の分倍河原《ぶばいがわら》や人見原《ひとみがはら》に古戦場がある。

鎌倉時代の後期、元弘《げんこう》三年（一三三三）五月に上野国の新田義貞《にったよしさだ》（源氏系）は、わずか一五〇騎で鎌倉幕府打倒に立ち上がった。鎌倉を目指して南下すると、新田の支族や越後、甲斐、信濃の源氏らが加わり、軍団は七〇〇〇騎に。そして利根川を渡ったところで、二〇万七〇〇〇騎まで膨《ふく》れあがったという。

迎え撃つ鎌倉幕府軍は、小手指原《こてさしはら》（埼玉県所沢市《ところざわし》）や久米川《くめがわ》（東京都東村山市《ひがしむらやまし》）で破れて退却し、分倍河原に陣を敷《し》いた。ここで戦闘が始まると、新田義貞は劣勢をはね返し、勝利した。鎌倉幕府滅亡の第一歩である。

そして室町時代、十四世紀半ばに起きた観応《かんのう》の擾乱《じょうらん》も、関東南部を舞台にして何度かの激戦がくり広げられた。北朝の足利尊氏《あしかがたかうじ》は弟の足利直義《ただよし》を破り、鎌倉に入ったが、南朝の新田義宗《よしむね》（義貞の子）ら南朝の軍勢に攻められ、両者は武蔵国の人見原（府中市）で対峙《たいじ》し、合戦におよんだ。

足利尊氏は敗れ、ここからはるか東の浅草寺《せんそうじ》（台東区）のあたりまで一気に敗走している。その途中、杉並《すぎなみ》区の井草八幡宮《いぐさはちまんぐう》の脇をすり抜けていて、現在でも、神社の鳥居の近くの「曲がり角」を尊氏らが走り去っていったと伝えられている。

律令《りつりょう》制度に怒る神

この章の最後に、武蔵周辺の神社のよもやま話をしておきたい。歴史を動かした事件や人物群をめぐる伝承が神社に残されている。

まず、高麗神社がある日高市の北側、入間《いるま》郡毛呂山《もろやま》町に、流鏑馬《やぶさめ》で知られる出雲伊波比《いづもいわい》神社が鎮座する。祭神の数があまりに多いので、すべて掲《かか》げないが、主祭神は出雲神のオオナムチだ。

神社伝承によれば、ヤマトタケルが東征の際、ここに立ち寄り、景行天皇から賜ったヒイラギの桙《ほこ》を神宝となし、オオナムチを祀ったといい、さらに、成務《せいむ》天皇の時代、あの武蔵国造エタモヒ（兄多毛比命）が、アメノホヒをオオナムチとともに出雲伊波比神として祀ったという。

この神社で、無視できない事件が起きている。「太政官符《だいじょうかんぷ》」に記録されていた。

「神護景雲三年（七六九）九月、入間郡で正倉《しょうそう》（国の収蔵施設）四軒が燃え、備蓄していた米が大量に焼け、百姓十人が病に倒れ、二人は頓死《とんし》してしまった。占ってみると神の祟りとわかり、郡衙《ぐんが》（郡の役所）の西北角の出雲伊波比神が、『朝廷からもらう幣帛《へいはく》が、最近滞《とどこお》っている。だから、多くの雷神を引き連れ、正倉を燃やしてしまった』と告げていると、報告した」

この事件、じつに胡散《うさん》臭い。正倉を燃やしてしまった責任転嫁《てんか》に神を利用しているのかと思いきや、もう少し深い事情が隠されていたようだ。

伊勢国桑名《くわな》（三重県桑名市）にあった多度神宮寺《たどじんぐうじ》の『伊勢国桑名郡多度神宮寺伽藍縁起《がらんえんぎ》并《ならびに》資財帳《しざいちょう》』には、次のような一節がある。

「我れは多度の神なり。吾《わ》れ久劫《くごう》を経て、重き罪業《ざいごう》をなし、神道の報《むく》いを受く。いま冀《こいねがわく》ば永く神の身を離れんがために、三宝《さんぼう》に帰依《きえ》せんと欲す」

これはどういうことかというと、

「多度の神である我《われ》は、長い間この地を治めてきたが、いま、本当の神道からズレてしまい、重い罪業に苦しめられ、神道の報いを受けるようになってしまった。この束縛から抜け出したく、神の身を離れ、三宝（仏法僧《ぶつぽうそう》、仏教のこと）に帰依したい」と、多度神宮寺の神が託宣を下した、という。もう神でいることが疲れたから、仏教に帰依したいというのである。

平安時代の神仏習合を象徴的に表わした事件として知られるが、もうひとつの意味が隠されている。それは、律令制度が整い、戸籍をつくり、土地を公平に民に配った上で徴税をするのだが、このシステムに各地の神社が組みこまれていたのだ。

律令（神祇令《じんぎりよう》）には、「その祈年《としごい》、月次《つきなみ》の祭りには、百官（すべての役人）は神祇官に集まり、中臣は祝詞《のりと》を宣《のたま》い、忌部は幣帛を班給《はんきゆう》せよ」とある。

祈年祭《としごいのまつり》は、その歳の豊穣《ほうじよう》と国家安泰を祈る祭り（春祭り）で、月次祭《つきなみのまつり》は、六月と十二月に行なわれ、初穂《はつほ》を奉献し、国家安泰と民の繁栄を祈る祭りである。

ただし、この文面だけを見ていても、何をいっているのか、よくわからない。カラクリは、以下のとおり。

百姓は稲を収穫すると、その一部を朝廷に納める。これが「初穂」（税でもある）で、天皇がその稲穂に霊力を吹き込み、皇祖神《こうそしん》の力を得て、豊作を約束された「タネ」となる。

そして、日本各地の選ばれた有力な神社の祝部《はふり》が都の神祇官（祭祀を司《つかさど》る官庁）に集められ、幣帛として、この霊力の込められた「タネ」を配られる。祝部たちは地元に戻ると、百姓たちに、「神のパワーのこもった、ありがたいタネ」を支給する。

百姓たちは神に感謝し、大地と大自然を司る皇祖神の霊力の込められたタネを植え、豊作を祈った。稲が実り、収穫すると、翌年のために、再び「初穂」を朝廷に献上した。

もちろんこれは、豊穣をもたらしてくれた神に対する感謝の印でもある。と同時に、天皇の周辺に群がる都の権力者たちの雅《みやび》な暮らしの原資となる。

このとき、百姓と朝廷の間に立って仲介していたのが各地の神社で、だからこそ各社の祝部はわざわざ都と地元を往復していた。

ただし、律令土地制度は原始的な共産主義だから、破綻《はたん》するのは時間の問題だった。

百姓は疲弊し、土地は枯れていった。百姓と朝廷の板挟みにあった祝部たちは、「仏教に逃げたい」と、称え始めたわけである。それを象徴するのが、多度神宮寺の神の託宣だ。

出雲伊波比神社で起きた正倉の火事も、このような律令制度の破綻が何かしらの原因にな

中央に反旗を翻した出雲伊波比神社

っていた可能性が高い。神社側に、「そもそも初穂という名の税が大きな負担となって地方を圧迫しているのに、国家が豊穣を祈る祭祀になんの意味があるか」という本音があったのではないだろうか。

蘇我《そが》氏が残した方墳《ほうふん》と仏教文化

関東に「蘇我」という地名があることが広く知られるようになったのは、東京都と千葉県の沿岸部を東西に結ぶ京葉線が開通し、東側のターミナルが「蘇我駅」だったことではなかろうか（また、房総半島の西海岸を通る内房《うちぼう》線がこの駅で東海岸を通る外房《そとぼう》線から分離し、始まっている）。

ちなみに、五世紀の後半に物部氏が盛んに信濃や関東に渡来人を送り込むが、そのあとを追うように蘇我氏も関東に進出していた。

前述したように、ヤマトタケルに同行していた蘇我比咩がこの近くに流れ着き、蘇我比咩神社が建立されたというが、これは伝説の域を出ない。それよりも大切なことは、この一帯に実際に蘇我氏が進出していたことなのである。

たとえば印旛沼《いんばぬま》の周辺に、蘇我氏が痕跡を残している。古墳時代後期後半の龍角寺古墳《りゅうかくじ》群（千葉県印旛郡栄《さかえ》町から成田市）が好例だろう。一一三基の古墳が群がり、そのうち前方後円墳は三七基だが、みな小振りで、もっとも大きい龍角寺浅間山《せんげんやま》古墳（七世紀前半？）でも七八メートルしかない。

ところがこのあと、一帯に巨大な方墳が造営される。古墳時代終末期の龍角寺岩屋《いわや》古墳は一辺七八メートル、高さ一三メートルと、見たこともない巨大（実際に日本最大）方墳で、実際にたたずむと、数字からは想像がつかない圧迫感を感じさせるほどだ。七世紀に方墳を造る特権を持っていたのは、蘇我氏や蘇我系皇族だった。畿内の大王たち（用明《ようめい》、推古《すいこ》天皇ら）の方墳をも凌駕《りょうが》するほどの巨大方墳である。

ちなみに、皇極《こうぎょく》四年（六四五）に乙巳の変で蘇我本宗家《ほんそうけ》（蘇我蝦夷や入鹿）が滅ぼされ、蘇我氏は衰退したと考えられている。七世紀後半に「蘇我的」な遺跡が残っているからといって、それを蘇我氏の影響と考えるわけにはいかないとする考えも起きるかもしれないが、これは大きな間違いだ。

確かに本宗家は滅ぼされたが、蘇我氏（石川氏）の強大な力はその後も維持され、和銅六年（七一三）に藤原不比等が仕掛けた石川刀子娘《いしかわのとねのいらつめ》貶黜《へんちゅつ》事件で（文武《もんむ》天皇の嬪《ひん》の称をはずされた）、ようやく蘇我氏の出番はなくなったのだ。これは他の拙著の中で述べたとおりで、逆にいえば、平城京遷都の直後まで、蘇我氏は影響力を維持していた。

また余談だが、古代最大の豪族物部氏も、この三年前の平城京遷都まで生き残っていた。石上《いそのかみ》（物部）麻呂《まろ》は左大臣の地位にありながら、格下の右大臣藤原不比等の策謀によって旧都の留守役に任ぜられ、捨てられた。ここに、物部氏の力も削がれたのである。

巨大方墳岩屋古墳の北側一・五キロの地点に龍角寺がある。七世紀後半創建の法起寺《ほっきじ》（奈良県生駒郡斑鳩町《いかるがちょう》）と同じ伽藍《がらん》配置だ。創建時の瓦は、単弁八葉蓮華文《たんべんはちようれんげもん》の山田寺《やまだじ》式の軒丸瓦《のきまるがわら》で、山田寺（奈良県桜井市）といえば、蘇我入鹿の従兄弟《いとこ》・蘇我倉山田石川麻呂《くらやまだいしかわのまろ》の菩提《ぼだい》を弔《とむら》う寺として知られる。この一帯を蘇我系豪族が支配していたことは間違いない。

龍角寺の本尊は銅像薬師如来《やくしにょらい》で、白鳳《はくほう》時代に造られ、江戸時代に胴部を補修してある。現存する東国最古の仏像のひとつだ（もうひとつは東京都調布市深大寺の釈迦如来倚像《いぞう》）。

ところで、龍角寺は印波国《いんばのくに》（下総国中部で、千葉県成田市・佐倉《さくら》市・八街《やちまた》市・四街道《よつかいどう》市・印西《いんざい》市・印旛郡）の領域に含まれるから、この地を治めた印波国造を無視することはできない。

印旛《いんば》に残る蘇我氏の痕跡

日本最大の方墳・龍角寺岩屋古墳

龍角寺の礎石

龍角寺古墳群から東南数キロ、印旛沼東岸の地に麻賀多《まかた》神社（千葉県成田市台方《だいかた》）が鎮座し、ここが印波国造とつながっている。

祭神はワカムスビ（稚産霊命）とワカヒルメ（稚日女命）だ。カグツチ（迦具土神）の子がワカムスビで、ワカヒルメはアマテラスの妹だが、どちらにも「稚」（若）の字を冠するのは、「稚＝童」で、祟る鬼だったからではあるまいか。祟りをもたらし、強大な力を持つ神ほど、祀りあげてなだめすかせば、幸をもたらす神に変身する。

神社伝承によれば、ヤマトタケルが「東征」した際、ここに立ち寄り、樹木の生い茂る山に入り、一本の大杉の虚《うろ》に鏡をかけ、西方の伊勢の神を拝んで戦勝祈願をしたという。里の民は、土地が痩せていて穀物が実らないことをヤマトタケルに告げると、その鏡を祀れば、豊作になることを告げ、そのとおりになったという。

その後、印波国の初代国造イツコリ（伊都許利命）が夢の中で杉の木の根元から七つの玉を掘りだし、社を建て、鏡と一緒に祀って「マガタマオオカミ」（麻賀多真大神）と称え、イツコリの七代の孫広鋤手黒彦《ひろすきてくろひこ》が推古十六年（六〇八）に現在地にワカムスビを遷座して、二柱の「マガタマオオカミ」を祀ることになった。

ただし、三種の神器ヤサカニノマガタマ（八尺瓊勾玉）と同じ「マガタマ」は恐れ多いので、マカタ（麻賀多）神社に名を改めたという。

ちなみに、今日的な解釈に従えば、「マカタ」は、「真潟」（天然の良港＝潟《かた》）から派生した名ということになる。

「国造本紀」に、第十五代応神天皇の時代、カムヤイミミ（神八井耳命）の八世孫イツコリ（伊都許利命）を国造に定めたとあり、カムヤイミミは神武天皇の長子だから、多氏と同族ということになる。ちなみに、カムヤイミミの母は、出雲神のコトシロヌシ（言代主神）の娘ヒメタタライスズヒメ（媛蹈鞴五十鈴媛命）だ。また「国造本紀」は、カムヤイミミの末裔は、科野と阿蘇《あそ》の国造になったと記している。

『古事記』には、「神八井耳命は意富《おお》臣（多臣）・小子部《ちいさこべ》連・坂合部《さかいべ》連・火君《ひのきみ》・大分《おおきだ》君・阿蘇君・筑紫三家《つくしのみやけ》連・雀部《ささきべ》造・小長谷《おはつせ》造・都祁《つげ》直・伊余《いよ》国造・科野国造・道奥石城《みちのくのいわき》国造・常道《ひたちの》仲《なか》国造・長狭《ながさ》国造・伊勢船木《いせのふなき》直・尾張丹羽《おわりのにわ》臣・嶋田《しまだ》臣らの祖」とある。

例の龍角寺古墳群と、印波国造との関係が取り沙汰されていて、蘇我氏とは縁がないとする説も提出されている。けれども、蘇我氏が東国と強くつながっていたことは間違いない。

身の回りの護衛の兵を「東方儐従者《あづまのしとべ》」で固めていたほどだから、彼らが東国に進出し、印波国造家と姻戚《いんせき》関係を結び、蘇我的な埋葬文化と仏寺をこの地にもたらしていた可能性は否定できない。

龍角寺古墳群の南方の上福田《かみふくだ》古墳群（成田市）にも同時期の方墳が存在し、龍角寺と同じような山田寺系の軒丸瓦を用いた寺院が周辺に複数存在する。自然に考えれば、この地域にヤマトの蘇我氏の影響力が及んでいたことは間違いない。

第四章　改竄《かいざん》された古社の由緒

土着の民を野蛮視する『常陸国風土記《ひたちのくにふどき》』

関東の古代史を解き明かすために、大きなヒントとなってくるのが、常陸国だ。「茨城県の古代史に、何が隠されている?」と、不思議に思われよう。しかし、常陸の東側、海岸地帯は、都と東北をつなぐ航路のカナメの位置にあった。ここに、大きな問題が隠されている。

養老五年(七二一)に成立した『常陸国風土記』は、同時代の常陸国守・藤原宇合《うまかい》が編集にかかわったと思われるが、なぜ藤原不比等の子がわざわざ坂東の地に遣わされたかといえば、拠点として鹿島《かしま》神宮(茨城県鹿嶋市)を押さえ、東北との境を強化する必要があったからだろう。

たびたび触れてきたように、ヤマト政権と共存していた東北の蝦夷たちを野蛮視し、これを「成敗」しようとしたのは、八世紀の政権であり、それが藤原氏の天下だった。

政敵たちがことごとく関東とつながっていたことに危機感を抱いた藤原氏は、関東の力を削《そ》ぐために、東北の人びとを「蝦夷」と蔑《さげす》み、関東の軍団を東北にさし向け、「夷《い》をもって夷を制す」手口で、関東と東北の潜在的なパワーを弱めようと考えたのだ。しかも将軍に任命され、東北に送り込まれたのは、大伴氏ら反藤原派の面々である。

だから『常陸国風土記』は、東北のみならず、常陸国の先住の民を「クズ」（国巣、国栖）、「ツチクモ」（土雲）と呼び、野蛮視した。

茨城郡（水戸市、笠間《かさま》市を中心とした地域）の段に、次の記事がある。


「古老が言うには、昔、国巣（土地の人間は「ツチクモ」「ヤツカハギ」と呼ぶ人もいる、とある。「国巣」は、土着の先住民）の『山の佐伯《さえき》』（「佐伯」とは、朝廷の命令に従わず、抗《あらが》う者）と『野の佐伯』がいた。色々な場所に土窟《いわや》を掘り、常に穴に住み、人が来れば窟に入り、隠れる。人が去れば、出てきて遊ぶ。オオカミのような性《さが》、フクロウのような情《こころ》を持ち、ネズミのように隙を狙い、掠《かす》めとる。招かれて手なずけられることもない。まったく風俗《くにぶり》が異なるため、融和できない。

そこで、佐伯らが穴から出て遊んでいる時、大臣《おおのおみ》（多氏）の同族の黒坂《くろさか》命が、茨棘《いばら》（トゲのある草木）を穴に仕掛け、騎兵を放って遊びに出てきた佐伯たちを追わせたところ、穴に走り込んだ佐伯たちは、茨棘のワナにかかって傷ついて死んだ。そこで、『茨棘』を土地の名にしたのである」

なぶり殺しの方法が由来となった地名説話である。どうにも気分が悪くなる話だが、これに続けて、ほとんど同じ話が載る。

「ある人が言うには、山の佐伯、野の佐伯は、自ら賊《あだ》の長《おさ》となり、ともがらを率いて、国中をよこしまに往き来し、脅かし、殺した。時に黒坂命は、その賊を滅ぼそうと茨《いばら》を用いて城を造った。そこで地名を茨城といった」

『常陸国風土記』は、常陸の土着の民を徹底的に蔑視していることがわかる。

また、行方郡板来《いたく》（潮来《いたこ》市）の段に、以下の記事が載る。

「香澄《かすみ》の里（行方郡南部）の南一〇里に、板来の村があった。近くに浜辺を望む場所に駅《うま》家《や》を置いた。これを板来の駅《うまや》という。その西は榎木《えのき》の林だ。天武天皇の時代、麻績王《おみのみこ》が追いやられた場所だ。その海（霞ヶ浦）に、塩を焼く藻、海松《みる》（海藻）や貝などが、たくさんとれる。

古老が言うには、崇神天皇の御代、東国の辺境の荒ぶる賊を平定しようと、タケカシマ（建借間命）を遣わした。これが那賀《なか》国造の初祖《おや》となる。兵士を率いて、賊をことむけ、安《あ》婆《ば》の島（信太《しだ》郡の浮島か？）に宿り、東の浜辺を見やれば、煙が見えた。みな、人がいると疑った」

このあと、その煙を出しているのが国栖《くず》（国巣）と知り、タケカシマは、賊を捕らえ、焼き滅ぼしてしまったと話が続く。ちなみに、タケカシマは、『古事記』にカムヤイミミの末裔として登場する。

行方郡の当麻《たぎま》の郷（鉾田《ほこた》市）の段には、古老の話として、ヤマトタケル（倭武の天皇）がこの地にやってきたこと、佐伯のトリヒコ（鳥日子）が逆らったので、殺したとある。

さらに南の芸都《きつ》（行方市北浦《きたうら》の化蘇沼《けぞぬま》）という里があった。国栖がいて、名は寸津毗古《きつひこ》と寸津《つ》毗売《ひめ》といった。寸津毗古は教化に従わず背いたので、斬り殺した。寸津毗売は恐れ、憂《うれ》え、白幡《しろはた》をかかげて道に迎えて拝んできた。倭武の天皇は、憐れみ、許した。寸津毗売はその後、姉妹を率いて天皇（ヤマトタケル）に奉仕した。天皇も彼女たちを慈《いつく》しんだ。

まだまだある。

「久慈《くじ》郡（久慈川流域）の薩都《さつ》の里に、昔、国栖がいて、名を土雲といった。ここにウナカミ（兎上命、下総の海上国造の同族の可能性が高い）は兵を率いて滅ぼした。よく殺すことができて、『福《さち》（幸）なるかも』とウナカミが述べたため、その土地を『佐都《さつ》』と名づけた」

『常陸国風土記』といえば、第一章で見た筑波山のおおらかな風俗の記述しか知らない人が多いように思う。しかし実際は、土地の民を「クズ」「ツチクモ」と蔑み、同じ人間として見ない表現が多く出てくる。

こういった視点は、『出雲国風土記』や『播磨国風土記』には見られない。それに対し、『常陸国風土記』は地元の人びとが郷土に誇りを持って書いたものではなく、中央から乗り込んできた権力者（その中心人物が藤原宇合）が上から目線で書いたのではないかと疑いたくなる。すると、筑波山の風俗の記述も、土地の「未開さ」を物語るエピソードとして挿入されたのかもしれない。

そして、これらの記事を読んでいると、ヤマト建国後、古墳時代を通じて中央の力が常陸国に及び、圧倒的な武力で先住民が圧倒されたように見えるのだが、それほど単純な話ではないようだ。

『常陸国風土記』は、なぜ常陸国の先住の民を蔑視し、軽んじたのか。

それは、藤原政権が東国を敵視し、一方で、常陸という土地を戦略上もっとも重視していたからではなかったか。大切な土地を奪いに行き、だからこそ、その掠奪《りゃくだつ》行為を正当化する必要があったのではなかったか。

そして藤原氏は、この地一帯に影響力を及ぼすために、現地勢力から香取《かとり》神宮（千葉県香取市）と鹿島神宮の祭祀権を奪いとっている。

香取《かとり》・鹿島《かしま》は戦略的拠点

ここで話を進める前に、改めて、関東の古代史のおさらいをしておこう。

関東の古代史は、ヤマト政権抜きには考えられない。しかもそれは、政権側からの一方的な文物の流入というのではなく、双方向の利害の一致によって、おたがいに発展する関係にあったと思う。

とくに五世紀以降の関東は、政権にとって必要不可欠な要素になっていった。朝鮮半島出兵の貴重な軍事力として、関東の協力が求められた。物部氏ら、ヤマトの中心勢力は、渡来人を信濃や関東に送り込み、馬の生産を始めた。そして、弱かった王家が力をつけるために、関東の豪族たちと手を組み、また、王の権威で関東の豪族たちの内紛《ないふん》を鎮《しず》め、新たな力の源泉にしていったのだった。

くどいようだが、古墳時代後期には、畿内を除く日本列島の中で、関東地方はもっとも大きな前方後円墳を造営する地域に発展していたのである。

ちなみに、なぜ関東の兵士は屈強だったのかといえば、「弓の名手」が多かったこともひとつの理由ではなかろうか。縄文的な狩猟民の末裔として、関東には「弓の文化」が残っていたのだと思う。戦国時代に至っても、戦闘の主役は刀や槍ではなく弓矢で、だからこそ、もののふの代名詞は「弓取り」だった。

関東の稲作の技術が未熟で、米生産で出遅れたのも、狩猟民族的な風習が残っていたからだろう。その文化が、この時代になると、貴重な軍事力に応用されたわけである。

七世紀の途中まで、政権側にとって、東国と関東は、頼りになる存在だった。ところが、壬申の乱（六七二）をきっかけに、東国の軍事力が「両刃《もろは》の剣《つるぎ》」だったことを思い知らされる。東国とつながった者が、実力で玉座を奪えることに、気付かされたのである。

すでに述べたように、八世紀以降、都で不穏な動きがあると、三関固守の処置がとられるようになった。関東は危険視されるようになったが、一方で、その関東のパワーをいかに利用し、制御するかが、政権側の課題となっていった。だからこそ、「東北蝦夷征討」が敢行され、関東の武力を東北で消耗《しょうもう》させる必要があった。

ただし、「東北蝦夷征討」を終えたあとの関東は、朝廷の手に負えない無法地帯になっていってしまう。政権とヤマトの王家に柔順だった関東の民が、牙《きば》を剝《む》くようになってしまったのだ。そのあげく、平安時代末期、源頼朝が関東の武士団を束《たば》ね、鎌倉に幕府を開いたのである。

なぜ、関東の民は、大王家に忠実だったのに、最後の最後に刃向《はむ》かったのだろう。すでに、ヒントは出してある。藤原氏による長く高圧的な政権が、両者の信頼関係を台無しにしてしまったのだ。藤原氏は関東の民を東北にさし向け、ムダな殺生《せっしょう》をさせ、大伴氏ら旧豪族を蹴落《けお》とした。関東の民は、これを許すことができなかったのだ。

こうして、関東は朝廷の操縦が効《き》かなくなっていく。その様子は徐々に語っていこう。

そこで話は、八世紀に「東北蝦夷征討」の拠点となった千葉県北東部と茨城県南東部の二つの社から始めていこう。霞ヶ浦の海の入口に、向かい合うようにして鎮座する香取神宮と鹿島神宮である。

現代人にはわかりにくいが、ここは水上交通の要衝であり、関東のみならず、東北につながる、押さえておかなければならぬ戦略上の拠点となっていた。

隠された本当の祭神

八世紀初頭に編まれた『常陸国風土記』は、鹿島神宮を「天之大神《あめのおおかみ》の社《やしろ》」「坂戸《さかど》の社」

「香島の天の大神」と呼んでいる。「坂戸」は「境界の門」を意味しているから、香取神宮と鹿島神宮は、異界への入口という意識があったのだろう。

『古事記』のヤマトタケルによる「東国征討」は常陸国で終わっているし、『日本書紀』には常陸国に隣接して蝦夷の暮らす「日高見国」が登場する。香取神宮と鹿島神宮は、政権側から見て、異界と接する重要な拠点だったことがわかる。

また、二つの社の祭神が、出雲の国譲りで大活躍したフツヌシとタケミカヅチだったところに、大きな意味が隠されていると思う。政権の敵を倒す最前線において、神話の世界で活躍した二柱の神が祀られていたのは偶然ではあるまい。

問題にしたいのは、もともとここを押さえていたのは誰か、ということ、さらに八世紀以降、新たな支配者が現われたことだろう。

そこで順番に、神社のあらましを紹介していこう。まずは、利根川下流右岸の亀甲山《かめがせやま》に鎮座する下総国一之宮の香取神宮だ。社伝によれば、初代神武天皇の時代の創建だというが、これを信じることはできない。

香取は「檝取《かとり》」とも書き、航海の「檝《かじ》取《と》り」に由来する。

『万葉集』に、近江の高島《たかしま》の香取と船の関係が歌われている（巻十一―二四三六）。

「大舟《おおぶね》の　香取の海に　いかり下《お》ろし　いかなる人か　物念《ものおも》はざらむ」

ここにある「大舟」は「香取」の枕詞で、香取は檝取りをさしている。

香取の神は、航海を守る神だ。

この祭神はフツヌシで、物部氏の神、石上神宮《いそのかみ》（奈良県天理市）と同じである。

香取神宮の周辺は、物部系氏族が支配する土地だった。『続日本後紀』の承和二年（八三五）三月条に、陸奥鎮守将軍《むつちんじゆ》の物部匝瑳連熊猪《そうさのむらじくまい》が「スクネ」（宿禰）のカバネを賜り、坂東を制し、凱旋《がいせん》した。この功を称えられ、下総国に匝瑳郡（現在の匝瑳市と周辺、香取市の東南側に隣接する）を建てたとある。

香取郡の西北側に位置する常陸国信太《しだ》郡も物部氏と縁の深い土地で、譜代《ふだい》の郡司は物部氏だった。『続日本紀』養老七年（七二三）三月条に、信太郡の人・物部国依《くにより》が信太連を賜姓《しせい》されている。常陸国の入口、霞ヶ浦の水運は物部系の人脈（たとえば曽祢《そね》連）が押さえていた

香取神宮は物部《もののべ》系

利根川の河岸に立つ津宮（つのみや）浜鳥居。祭神フツヌシが上陸した場所と伝わる。かつて香取神宮の参拝者は船でここまで来て陸路に入った

本殿の左にある摂社匝瑳（そうさ）神社。東国運営で活躍し、物部匝瑳連の祖となった物部小事（おごと）との関係が疑われる

（井上辰雄『常陸国風土記にみる古代』学生社）。

このように香取神宮の周辺は物部系の土地で、香取神宮も物部氏が祀っていたから、祭神が物部氏の祖神フツヌシになったわけである。

ただし、もともとの祭神は「イワイヌシ」と呼ばれていたと、多くの文書が語っている。これはどういうことだろう。

まず、香取の祭神は、天孫降臨神話に登場する。『日本書紀』神代下第九段一書第二に、次の話が載る。

「葦原中国《あしはらなかつくに》平定に遣わされたフツヌシ（経津主神）とタケミカヅチ（武甕槌神）だったが、『天に悪《あ》しき神アマツミカホシ（天津甕星）、またの名をアメノカガセオ（天香香背男）がいます。先にこちらを成敗してから葦原中国を治めようと思います』と申し上げた。このとき、（アマツミカホシを誅する）斎主《いわいぬし》の神がいて、この神を『斎之大人《いわいのうし》』と申し上げる。今、東国の檝取（香取）の地にまします」

この「檝取」の神「イワイヌシ」が香取神宮の祭神だと、『日本書紀』はいっている。『延喜式』にも「香取坐伊波比主命《かとりにますいはひぬしのみこと》」とあり、『続日本後紀《しょくにほんこうき》』や『文徳実録《もんとくじつろく》』にも「香取の神はイワイヌシ」とある。

ところが、忌部氏の『古語拾遺』は、「下総国の香取の神はフツヌシ」と断言している。物部系の『先代旧事本紀』も、「フツヌシは下総国香取にます大神」と述べている。

フツヌシとイワイヌシ、どちらが本当の祭神なのだろう。問題は、「イワイヌシ」を打ち出しているのが、みな「正史」や朝廷側の見解ということなのだ。

これはいったい、何を意味しているのだろう。謎解きは、後回しにして、もうひとつの社に進もう。

鹿島神宮は常陸国一之宮で、祭神はタケミカヅチだ。出雲の国譲り神話の中で、香取神宮のフツヌシとともに活躍した。ただし、文献の中で「鹿島神宮のタケミカヅチ」が登場するのは、九世紀以降の話だ。それ以前、なんと呼ばれていたのか、はっきりとわかっているわけではない。八世紀の『常陸国風土記』にも、「タケミカヅチ」の名は出てこない。これは、じつに怪しい。

しかし、鹿島神宮は、そんなことはお構いなしに、「大昔からタケミカヅチを祀ってきた」と、白《しら》を切る。神社のホームページを開いたら、神武天皇の時代に、この地に社は創建されたとある。神武天皇が九州の日向からヤマトに向かう際、紀伊半島で神の毒気に当たり、身動きができなくなった時、タケミカヅチの「フツノミタマ」(韴霊)によって救われたため、神武天皇の勅命により、皇紀元年、この地に祀られたという。

ちなみに、フツノミタマとは剣のことで、ヤマトタケルの草薙剣やスサノヲがヤマタノオロチを退治した時に使った十拳剣《とつかのつるぎ》と並び称せられる霊剣だ。『古事記』には、フツノミタマは物部系の石上神宮に祀られるとあり、その名にある「フツ」が、フツヌシの「フツ」に通じるのは明らかだろう。

確かにタケミカヅチはフツヌシとともに出雲を「成敗」した(葦原中国を平定した)神で、両者は常にセットになっているが、あくまで別の神である。なぜタケミカヅチが「フツ」の剣を持っていたのだろう。「フツ」がタケミカヅチを祀る社の創建にかかわりがあったというのは不可解だ。

すると、鹿島神宮も、香取神宮同様、当初はフツヌシを祀っていたのではあるまいか。もとは物部系の神社だったのではあるまいか。というのも、物部氏と物部系の「フツ」は、常陸とも縁が深いからだ。

『常陸国風土記』逸文には、白雉《はくち》四年（六五三）に物部河内《こうち》と物部会津《あいづ》らが総領高向大夫《そうりようたかむこのまえつぎみ》に申し出て、筑波・茨城の郡七〇〇戸を割いて信太郡を置いたとある。

そして、『常陸国風土記』信太郡高来《たかく》の里の条に、古老の話として次の一節がある。

「天地のはじめ、まだ草木がものを言っていた時代、天から普都大神《ふつのおおかみ》（フツヌシ）が下りてこられた。葦原中国を巡られ、山河の荒ぶる神々を和らげ、平定された。天に帰ろうと、器杖《つえ》、甲《かぶと》、戈《ほこ》、楯《たて》、剣《つるぎ》など武具や玉類を置いて、この地に留め置き、白雲に乗って蒼天《あめ》に帰って行かれた」

このように、「フツ」の神は、常陸の信太郡と強くつながっていた。

最大の古代氏族である物部氏が戦略的理由から常陸に根を下ろし、祖神を常陸の地に祀ったことは、まったく矛盾しない。

しかし『常陸国風土記』は、ここまで書いておきながら、かたくなに鹿島神宮とフツヌシをつなげようとしない。

藤原《ふじわら》氏に奪われた神々

『常陸国風土記』香嶋（鹿島）郡の条には、以下の説明が記されている。

「古老が言うには、孝徳天皇の時代（七世紀）に、中臣鎌子（藤原鎌足）、中臣部兎子《なかとみべのうのこ》らが、総領高向大夫に依頼し、下総国の北側（海上《うなかみ》国造の所領地、那珂《なか》国造の所領地など）を割かせ、別に『神の郡』を置かせた。このとき、一帯にある天之大神の社、坂戸の社、沼尾《ぬまお》の社の三社を合わせて『香嶋之大神』と称し、ここから郡名（香嶋郡）を付けた」

ただし、その直後には、時代をさらにさかのぼり、矛盾する説明をしている。

「高天原より（天孫降臨に先だって）降りて来られた神が、香嶋天之大神である。その天《あめ》の住まいを香嶋之宮といい、地《くに》の住まいを豊香嶋之宮《とよかしま》と名付けた」

そして、崇神天皇の時代に大刀《たち》や鉾などの武具、鏡などが奉納され、天智天皇の時代にはじめて使いを遣わし、神の宮を造らせた。毎年七月には船を造って津宮《つのみや》（河辺の別宮）に奉納したという。

さらに「古老が言うには」として、ヤマトタケル（倭武天皇）の時代の話が入る。（香嶋）天之大神が中臣臣狭山命《なかとみのおみさやまのみこと》に対し、社の船の管理を求めたところ、狭山命が謹んでそれをお受けし、船三隻を新調したというものだ。

ここで登場する中臣臣狭山命は、鹿島の大宮司家である中臣鹿島連の祖である。鹿島神宮は、すっかり藤原氏の同族中臣氏の社となっている。

志田諄一《しだじゅんいち》は『新版　古代の日本　8　関東』（監修・坪井清足／平野邦雄　編集・戸沢充則／笹山晴生　角川書店）の中で、次のように述べている。

「高天原から葦原中国の平定に遣わされた普都大神や香島の天の大神が、常陸国信太郡高来の里に降って来たり、鹿島の地に鎮座しているのは、大和朝廷による海沿いの東国経略がこれらの二神を奉じた物部氏などによって行われたことを示している」

そのとおりだろう。中臣氏も、元をただせば物部氏の配下で活躍した氏族であり、物部氏を中心に、関東の沿岸部のカナメを押さえていたのだろう。この一点をまず念頭において、話を進めたい。

確かに鹿島神宮は、由緒正しい、関東を代表する神社だ。

たとえば、「神宮」を名乗る神社は、今では日本にいくつも存在するが、『延喜式』が「神宮」と書いたのは、伊勢神宮、鹿島神宮、香取神宮の三社だけである。王家発祥の地、三輪山麓の大神大社（おおみわのおおやしろ）も、「神宮」とは呼ばれていない。また『日本書紀』では伊勢神宮とただ二つ、「神宮」と称された石上神宮も、『延喜式』では「石上坐《いそのかみにます》布留御《ふるのみ》魂《たま》神社」である。

いったい、これはなぜだろう。

なぜ、関東の端にある二つの社だけが特別あつかいされているのだろう。

鹿島神宮の聖地
御手洗（みたらし）池

物部系の鹿島神宮と香取神宮を、どうやら藤原氏が乗っ取ってしまったようなのだ。そして、伊勢神宮とともに権威づけを行なった……。

香取神宮の祭神フツヌシは物部氏の祖神だったが、鹿島神宮の祭神タケミカヅチも尾張系の神だったことは、すでに触れたとおりである。

物部氏も尾張氏も、ヤマト建国後たびたび手を組み、出雲を攻めたてた話が、『日本書紀』に載る。また、日本海側には、出雲の勢力圏を尾張氏と物部氏の祖が封じこめた様子が語り継がれている（新潟県の弥彦《やひこ》神社と島根県の物部神社）。ならば、出雲神を倒した神々だからこそ、東北蝦夷を念頭に、鹿島と香取の地に祀られたのだろうか。

『続日本紀』宝亀八年（七七七）七月条に、「藤原朝臣良継《よしつぐ》が病む。その氏神《うじがみ》鹿島社を正三位に、香取神を正四位に叙す」との記録がある。ここに、藤原氏の「氏神」が鹿島と香取だったことが正式に記録されたのだ。

問題は、平安時代後期に編まれた歴史物語『大鏡《おおかがみ》』に奇妙な記事が載ることだ。ちなみに『大鏡』は、藤原摂関家《せっかんけ》を列伝風にまとめたものである。

まず、孝徳天皇の時代、中臣の鎌子連（鎌足）は内大臣に昇進したが、鎌子はもともと常陸国の人だったという。その上で、中臣鎌足の出現後、中臣（藤原）の氏神が祀られる鹿島神宮に、歴代天皇の即位に際し、必ず御幣《ごへい》の使いが出された。

ただし、平城京遷都後、鹿島は遠いので、都の東側の三笠山《みかさやま》（御蓋山）に鹿島神宮の神を勧請し、「春日明神《かすがみようじん》」として祀るようになった、とある。これが春日大社の始まりである。『皇年代記《こうねんだいき》』（『興福寺略年代記《こうふくじりやくねんだいき》』）に、神護景雲二年（七六八）、春日大明神が三笠山に移ったとあり、『江家次第《ごうけしだい》』にも似た記事が残されている。

鎌倉時代の春日大社の縁起『古社記《こしやき》』は、武雷尊（タケミカヅチ）がスサノヲと手を組み、「鹿島の邪神《あしきかみ》」（鹿島土着の神か？）を懲《こ》らしめたとある。

また、神護景運元年（七六七）に、タケミカヅチが常陸の鹿島神宮から鹿を馬代わりにして西に移動し、翌年ヤマトの三笠山に遷座し、フツヌシも香取神宮から、アメノコヤネ（天児屋命）と比売神《ひめがみ》は河内の枚岡《ひらおか》神社（大阪府枚方《ひらかた》市）から勧請されている。こうして春日大社の四柱体制（タケミカヅチ、フツヌシ、アメノコヤネ、ヒメ神）が出来上がった。

これらの記事があるため、多くの史学者が、「中臣鎌足はもともと常陸の鹿島神宮の神官だったのではないか」と推理している。しかし、にわかに信じるわけにはいかない。

何が奇妙かというと、第一に、中臣氏の祖神は鹿島の神ではない。枚岡神社に祀られるアメノコヤネである。『日本書紀』の天孫降臨の場面（一書）で、ニニギノミコト（瓊瓊杵尊）に随伴《ずいはん》した「五部神《いつとものおのかみ》」の筆頭に「中臣の上祖アメノコヤネ（天児屋命）」とあり、藤原氏自身が編んだ『藤氏家伝《とうしかでん》』にも、祖神はアメノコヤネと明記している。

第二に、「正史」である『日本書紀』が、中臣鎌足をアメノコヤネの末裔で、中央で活躍していたとお墨付きを与えたのにかかわらず、なぜ、わざわざこれとは別の神を重視することになったのだろう。

さらに奇妙なのは、春日大社では、鹿島神宮から勧請した神を、中臣氏の本来の祖神アメノコヤネよりも上位に据《す》えていることだ。春日大社は四つの本殿が三笠山に向かって並ぶが、三笠山にいちばん近い（いちばん格の高い）第一本殿に祀られるのはタケミカヅチである（第二本殿はフツヌシで、アメノコヤネは第三本殿）。

だからこそ、中臣鎌足を鹿島出身と見なす推理が有力視されたのだが、『日本書紀』は鎌足の子の不比等全盛期に編纂された正史だから、『日本書紀』が認めた中臣氏の神代から続く系譜を、なぜわざわざ覆《くつがえ》す必要があるのだろう。

割をくったのは、中臣氏のもともとの地盤に鎮座する河内国一之宮枚岡神社ではないか。当初はアメノコヤネと后神《きさきしん》のヒメ神だけ祀っていたのが、春日大社に合わせて、タケミカヅチとフツヌシを合祀《ごうし》させられたのである。

日本の神の権威を欲した藤原氏

筆者は中臣鎌足を、百済から人質として来日していた豊璋《ほうしょう》と睨《にら》んでいる（拙著『藤原氏の正体』新潮文庫）。中臣鎌足の末裔が、極端な親百済政策をとっていること、豊璋が日本に滞在していた時期が、中臣鎌足の前半生とほぼ重なることなどからだ。

それだけではない。中臣鎌足は父母の名が分からず、豊璋来日後、無位無官のまま歴史に登場する。そして、最高の冠位である「織冠《しょっかん》」に登ったのは、豊璋と中臣鎌足だけだ。該当する『日本書紀』の記事は以下のとおり。

斉明七年（六六二）九月「皇太子（中大兄皇子）は長津宮《ながつのみや》（筑紫）にいらっしゃる。百済の王子豊璋に織冠を授け、また多臣蔣敷《おおのおみこもしき》の妹を妻とする」

天智八年（六六九）冬十月「天皇、東宮太皇弟《ひつぎのみこ》（大海人皇子）を藤原内大臣《うちつおおみ》（中臣鎌足）の家に遣わして、大織冠と大臣の位を授けたまう。また、姓を賜って藤原氏となされた」

豊璋は織冠を授かった直後、百済復興のために百済に呼び戻され、白村江の戦い（六六三）ののち行方《ゆくえ》をくらますが、中臣鎌足はこの間、一度も『日本書紀』に登場しない。中臣鎌足はもとの姿である豊璋となって、祖国に戻っていたからだ。そして敗戦後、何食わぬ顔をして、中臣鎌足に化けて日本の歴史に登場していたのだと思う。

ここで無視できないのは、中臣鎌足は上毛野系の車持氏の娘を娶り、藤原不比等が生まれていることだ。さらに藤原不比等が、のちに上毛野氏の系譜に紛れ込んでくる百済系の田辺史の元に身を寄せていたことだ。

七世紀の蘇我全盛期、ヤマト政権は全方位形外交を展開していた。そんなおり、豊璋は親百済派の物部氏の配下で衰退しつつあった中臣氏の「養子」になったのだろう。中臣鎌足を名乗って、親百済派の中大兄皇子擁立運動を展開したのだ。

のちに、中大兄皇子は即位して天智天皇となるも、薨去《こうきょ》。親蘇我派の大海人皇子が壬申の乱で大友皇子を倒して即位すると（天武天皇）、藤原氏は一度没落した。その中で、藤原不比等は百済系の田辺史を頼り、天武崩御のあと実権を握るようになった。そして田辺氏は、車持氏の縁を伝って上毛野の系譜に列《つら》なった。

さらに本当の中臣氏は、藤原氏から別れて祭祀に専念し、その上で藤原氏と中臣氏は、物部系のフツヌシと尾張系のタケミカヅチを奪ったのだろう。藤原氏は、百済系だからこそ、日本の権威ある神を欲し、この二つの神に狙いを定めた。

それと同時に、東国の海運の一大拠点に祀られていた物部系の神社（あるいは尾張系かもしれないが）――鹿島神宮と香取神宮を奪い去ったのだろう。

藤原氏にとって鹿島神宮が重要になっていった理由はもうひとつある。それは、朝廷の蝦夷政策と切っても切れないものだ。

『常陸国風土記』に従えば、天智天皇の時代に、鹿島周辺の神々を集めて「神の宮」を造らせたとあるが、これを構成する三つの社のうちのひとつ、坂戸社に注目したい。その「坂」も「戸」も、「境界」を暗示している。文字の原義を考えても、「境」「界《さかい》」と「坂」は同根と考えられる。

また、東北の各地に男根を象《かたど》った「カシガ様」（カシマ様）という巨大な藁《わら》人形が屹立《きつりつ》しているが、これは疫病を防ぐ役割を担っていると柳《やなぎ》田《た》國男《くにお》は指摘している（『柳田國男全集二九』筑摩書房）。似たものは鹿島神宮の周辺にもあって、「鹿島人形」と呼んでいる。東北地方には、鹿島人形を船に乗せて流したり、魔除《よ》けに家の入口や集落の境に置いたりする。それは大昔、朝廷の軍団が鹿島人形の文化を東北に持ち込んだかららしい。

北の蝦夷を成敗する拠点である鹿島で、「境界の神」を祀ったのだろう。それは、魔除けの神（鹿島人形）でもあったが、朝廷の軍勢が北上し、最前線に鹿島人形が持ち込まれていくうち、東北地方にこの信仰が伝わったのだろう。同様に、鹿島の神も東北で祀られるようになっていった。

コケにされた鹿島神宮の記録

藤原氏と中臣氏は、鹿島の神を奪った。その様子を、地元の人々は批判的に見守っていたようで、「鹿島憎し」の気持ちは神社伝承になって伝わっている。そもそも鹿島神宮の神は、他の神社から遷《うつ》してきたものだったようだ。

鹿島神宮から直線距離で九キロほど西北西に、大生《おう》神社（茨城県潮来市）が鎮座する。主祭神はタケミカヅチ（健御雷之男神）で、鹿島神宮と同じだ。ただしここが、どうやら鹿島神宮の大元らしい。

大生神社を祀ってきたのは、その音が似ていることからわかるように多氏《おお》である（「大生」が「オウ」で、「多」は「オオ」。多氏は神武天皇の末裔）。彼らがヤマトからこの地に移ったときに創建したといい、そのあとに鹿島神宮が生まれている。

そもそも、鹿島神宮が鎮座する土地を含めて、この一帯を支配していたのは多氏だった。『古事記』や『常陸国風土記』、「国造本紀」から、「那珂《なか》（仲）国の国造は多氏」とわかる。その那珂国の一部を割いて「神の郡」（香嶋郡）を造ったことは、すでに触れてある。これが、鹿島神宮の領域だ。

そして、東国に遣わされた多氏や渡来人を背後から支えていたのは、物部氏である。

大生神社の伝承（由緒書）は、奇妙なことをいっている。太古の昔に大生神社が祀られていたが、神護景雲二年（七六八）に神は春日大社に遷り（御遷幸《ごせんこう》）、大同元年（八〇六）に、

「藤原氏東征」を見守るために元の地（大生）に戻られ、さらに翌年、鹿島神宮の地に遷り、大生神社は鹿島神宮の別宮と称するようになったという。

この経過は、鹿島神宮を祀る中臣連も認めている。鹿島神宮の神は、もともと多氏の祀っていた「大生の神」だったという。これは大問題だ。

さらに、『三代実録《さんだいじつろく》』（六国史《りっこくし》の第六）貞観《じょうがん》八年（八六六）正月二十日条に、無視できない記事が載る。

常陸国の鹿島神宮司は、鹿島の大神の苗裔《びょうえい》（子孫）に当たる神が陸奥国に三十八座あるといっている。さらに、「古老に聞いた話」として、次のように説明する。

「延暦《えんりやく》年間（七八二〜八〇五）から弘仁《こうにん》年間（八一〇〜八二四）まで、鹿島神宮の封物《ふうぶつ》を苗裔神に分けていたが、それ以降、奉幣は絶えたので、陸奥国の鹿島神が激しく祟り、物《もの》の怪《け》が跋扈《ばっこ》した。そこで嘉祥《かしょう》元年（八四八）に、鹿島神宮の宮司らは奉幣に向かった。

ところが、陸奥国は前例にないとそれを拒み、関から入ることを許さなかった。宮司らはしかたなく、関の外の川辺で幣物《へいもつ》の祓《はら》いを行なったのち、棄《す》てて帰った。

大生神社の社頭

その後も神の祟りはおさまらず、疫病が蔓延《まんえん》した。そこで鹿島神宮は、国に申し出て、『奉幣をできるように陸奥国に下知《げじ》して（命じて）、関の出入りを許して欲しい。諸社に奉幣して、神の怒りを解きたい』と請願《せいがん》した」

この場面、むしろ常陸の鹿島神宮は、陸奥国の役人たちや苗裔神（分社）から軽視され、コケにされている。これはいったい、どういうことだろう。

もちろん、奉幣が絶えたことに対する不満がたまっていたのもあるだろう。また、陸奥国に送るべき封物は、奈良の春日大社に流れてしまっていたようだ。これに、陸奥の鹿島神の苗裔神は怒ったのである。

しかし、もっと大きな理由は、鹿島の神が元々の神ではなかったことに起因している。大和岩雄は『日本の神々 11 関東編』（谷川健一編 白水社）の中で、興味深い指摘をしている。中臣鹿島連が鹿島神宮をトップに立って祀りはじめたのは、天平《てんぴょう》十八年（七四六）に、卜占《ぼくせん》技術で奉仕していた中臣部を中臣鹿島連にして祭祀氏族に引き上げた時だという。

要はこの時、鹿島神宮は、祀る者も入れ替わっていたわけだ。中臣（藤原）氏が那賀（仲）

国造（常陸の土着の一族で多氏と同祖）から、祭祀権を奪ったのである。

その上で、陸奥の役人たちが東北の分社側を支持していることに関して、本社（鹿島神宮）の神を「まやかし」と見なしていたと指摘する。


「それは極論すれば、『ニセモノ』『乗っ取られた神』とする意識である。したがって彼らは、『春日風鹿島神』の奉幣使は本当の鹿島の神の奉幣使ではないから、関を通る資格がないとみたのであろう」（前掲書）

その上で、強引に祭祀権を奪ったから、陸奥国だけでなく、常陸国内でも鹿島神宮は孤立したと指摘している。そのとおりだろう。

香取神宮の祭神を正史や朝廷が「フツヌシ」と明記できず、「イワイヌシ」とボヤかしたりしたのも、やましい気持ちがあったからだろう。だから、神話の中でフツヌシとセットで登場するタケミカヅチに目を付けたのだろう。

奪われた者たちの恨《うら》みつらみ

さらにもうひとつ、興味深い伝承がある。

それが、太平洋に面して鎮座する大洗《おおあらい》磯前《いそざき》神社（茨城県東茨城郡大洗町）に伝わるもので、当社は、鹿島神宮からは北に四〇キロほど行った場所にある。当時は鹿嶋郡に属したが、那珂国造家と強くつながっていた場所でもある。

祭神はオオナムチ（大己貴命）とスクナヒコナ（少彦名命）だ。なぜ常陸に出雲の神が祀られるのかというと、『文徳天皇実録《もんとくてんのうじつろく》』（六国史の五番目）の斉衡《さいこう》三年（八五六）十二月二十九日条に次の説明がある。常陸国から知らせがあったという。

「常陸国からの報告として鹿嶋郡大洗磯前に新しく神が降臨した。ことの初めは塩焚《た》きの郡民が目撃している。夜半に天が輝き、翌朝、高さ一尺ほどの二個の怪しい石があった。それは明らかに神が造ったもので、人間の手によるものとは思えない。塩焚きの翁が気味悪がってそのままにしておくと、翌日、その怪石の左右に、まるで侍が守っているかのようにして二〇個余の小石があり、不思議な彩色がほどこされている。ある石は沙門《しゃもん》のような形をしているが、耳と目はなかった。

神が人に憑《つ》いて、次のように告げた。

『われは大奈母知《おおなもち》少比古奈命《すくなひこなのみこと》だ。昔、この国を造り終わり、去って東海に往《い》ったが、今、民を救済するために戻ってきた』」


ここに登場する「大奈母知少比古奈命」は、オオナムチとスクナヒコナが合体した名だが、『播磨国風土記』餝磨《しかま》郡莒丘《はこのおか》の条にも、「大汝《おおなむち》少日子根尊《すくなひこねのみこと》」と、二柱の神が合体して一柱になった例がある。

というのも、オオナムチの和魂《にぎみたま》がスクナヒコナとする説があり、逆に荒魂《あらみたま》とする説もあるからだ。「小さい」「若（稚）い」は鬼と同意語だから、スクナヒコナはオオナムチの荒魂で、かたや「大」の神は、「小」（若）の反対だから、和魂と見なせる。

それにしても、なぜ茨城県に出雲の神が登場したのだろう。

大洗磯前神社の社殿が向いているのは海の方向だが、東南東三〇度に傾き、その先の海岸の岩の上に鳥居が立つ。「神磯《かみいそ》」という神社の聖地で、冬至の朝日は、神社から見てこの鳥

大洗磯前神社の聖地である神磯。
怪しい石が出現したのも、このあたりか

居の方角から上がる。

スクナヒコナは童子で、海からやってくる神も「海童《わだつみ》」（少童）と考えられている。「大奈母知少比古奈命」が東の海から輝いて戻ってきたという神社の伝承が、そのまま境内の配置に置き換えられているわけだ。

無視できないのは、神社の西北西約一・三キロほど、那珂川の右岸に、五世紀前半の関東を代表する磯浜《いそはま》古墳群が控えていることだろう。

その中にある鏡塚《かがみづか》（日下ケ塚《ひさげつか》古墳）は全長一〇五・五メートルの前方後円墳で、そのすぐ北にある車塚古墳は直径九五メートル、全国でも五位以内に入る巨大円墳である。副葬品は地方とは思えないヤマトの匂いを感じさせる物を埋納していたことでも名高い。そして、多氏の同族である仲（那珂）国造家の奥津城《おくつき》と目されている。古墳群のすぐ下が古代の涸沼《ひぬま》の入口で、鹿島灘唯一の天然の良港だった。那賀国造家がこの地を重視するのは、むしろ当然のことだった。

そこで、問題とすべきは、なぜ「大奈母知少比古奈命」は、斉衡三年にこの地に戻ってきた（神社が創建された）のか、ということだろう。これは、鹿島神宮の奉幣使が陸奥国の関か

磯浜古墳群の車塚古墳。
住宅地の中にあって美しい巨木の森を残す

ら閉め出された、あの事件の数年後のことなのだ。

その理由を大和岩雄は、次のように説明する。

「鹿島神宮を中央の藤原・中臣氏らが強引に氏神にしてしまったため、本来の鹿島神的性格をもつ官社を作ろうとして、那賀国造系の人々と鹿島の神官がしめし合わせて『上言』した」(前掲書)

これも正鵠《せいこく》を射《い》ている。そして、『大鏡』がいうような「中臣鎌足鹿島出身説」をとることもできなくなる。

周辺の人びとが、「中臣氏が鹿島神宮をめちゃくちゃにしてしまった」「今の鹿島神宮など、本当の鹿島の神ではない」と、憤《いきどお》っていたことがよくわかる。

それにしても、なぜここまで無茶をして、他人様の祭神を奪いとる必要があったのだろう。もちろんそれは、関東の軍団を東北にさし向けようと藤原氏が目論んでいたからで、その格好の「兵站《へいたん》基地」である霞ヶ浦周辺を物部氏や多氏に握られていることは、戦略上許されなかった。

古代人にとって、地域の実権を握るには、まず、その土地の祭祀権を奪う必要があるのはいうまでもない。

夷俘《いふ》と群党《ぐんとう》

ここまで見てくると、なぜ柔順だった関東の民が、平安時代になると朝廷に刀向かい、牙を剝いてくるのか、その理由がはっきりしてくる。

じつを言うと、すでに六世紀以降、東北地方には多くの移民が流入し、血の交流が行なわれ、住民は共存を始めていた。『日本書紀』が強調し、われわれが思い抱くような、「蝦夷という野蛮人」は、東北地方には存在しなかった。

それにもかかわらず、「蝦夷征討」を始めたのは、ひとえに、旧名門氏族が関東とつながるおそれがあるからで、成り上がりの藤原氏は関東の武力が恐ろしく、そのパワーを削ぎたかったからだ。

八世紀初頭に「東北蝦夷征討」が本格化し、延暦二十一年（八〇二）に坂上田村麻呂《さかのうえのたむらまろ》の活躍でアテルイ（阿弖流為）が降服するまでの百年弱、朝廷軍は蝦夷の抵抗に苦しみ抜いた。アテルイにしても、最後は坂上田村麻呂の説得を受け入れ、恭順したわけで（都に連行されると容赦なく処刑されたが）、東北を武力鎮圧することは困難を極めた。

その理由のひとつに挙げられるのは、朝廷軍の士気の低下だ。

藤原氏が独裁体制を敷くために、旧名門氏族たちと関東の力を削ぐ目的があったから、派遣された軍団の兵士も指揮官も、最初から戦う意欲がなかった。これでは、戦線が泥沼化するのは当たり前のことだ。

『続日本紀』和銅二年（七〇九）三月六日条に、次の記事がある。

「陸奥・越後二国の蝦夷には、抱き続ける野心があり、馴《な》らすことは難しい。しばしば良民に危害を加えている。そこで、遠江、駿河、甲斐、信濃、上野、越前、越中などの国から徴兵した」

「蝦夷征討」は、ここから本格化する。ところが、藤原不比等の四人の子（武智麻呂《むちまろ》、房前《ふささき》、宇合、麻呂《まろ》）が天然痘《てんねんとう》で全滅して反藤原政権が誕生すると、蝦夷はなぜかいったん、おとなしくなった。しかし、藤原氏が復活すると、「蝦夷征討」が再開される。

そんな最中、宝亀《ほうき》十一年（七八〇）、「夷俘《いふ》」（朝廷側に靡いた蝦夷）伊治呰麻呂《これはるのあざまろ》が反乱を起こし、陸奥の按察使《あぜちし》（地域の治安を維持する責任者）で上司の紀広純《きのひろすみ》を殺した。ところが伊治呰麻呂は大伴真綱《まつな》と石川浄足《きよたり》を助けて放ってしまう。助けられた二人は、藤原氏の旧敵、大伴氏と蘇我（石川）氏の出身だ。

蝦夷たちも、なぜ藤原氏が躍起《やっき》になって蝦夷を野蛮視し、難くせをつけて東北に攻めてくるのか、不毛な戦いの意味を知っていたのだろう。

東北の古代史に詳しい新野直吉《にいのなおよし》は『新古代東北史』（歴史春秋出版）の中で、東北の出先機関の役人たちの間に、派閥争いがあったことを指摘し、次のように述べている。

「藤原氏に較《くら》べて陽の当たらぬ旧族大伴氏などは、むしろ夷俘達との間に心の通じ合う底流を持っていたのみならず、現実に提携する可能性さえ持っていたことを物語るものです」

そのとおりだし、大伴氏は藤原政権に最後まで抵抗し、だからこそ睨まれ、盛んに東北に派遣されて（都から遠ざけられて）いたのである。

政権側は、八世紀前半から九世紀末にかけて、刀向かう蝦夷たちを捕らえ、次々と日本各地に拡散し、移住させ（関東、九州、瀬戸内など）、分割統治し、脅威を取り除いていった。「野蛮な人びとを教化」して靡かせ、律令体制に組み込むためだ。「恐ろしい蝦夷たち」を警察や軍事力の補完機能として利用する場合もあった。

こうして蝦夷の力を削ぐと、「蝦夷征討」のために集めた軍団は解体された。しかしこれが、あだとなる。

朝廷は蝦夷（俘囚）を懐柔するために、「公粮《こうろう》」（給料、生活保護費）を与え、課役を免除していた。この「甘やかし政策」の結果、狼藉《ろうぜき》をくり返す者が出現した。周囲の者を軽んじ、婦女を犯し、牛馬を奪っては乗り回っていた。夷俘らは、勝手に国境を越えたりして、わが物顔であった。

承和十五年（八四八）に、上総国で丸子廻毛が反乱を起こして以来、上総・下総の両国で俘囚の反乱が相次いだ。前述したように朝廷はこれを「俘虜の怨乱」と表現しているくらいだから、彼らは俘囚たちが怒り狂っていることを承知していたわけだ。

九世紀末、「関東は無政府状態に陥った」といっても過言ではなかった。序章で触れた群党の跋扈だ。

群党とは、土地の有力者を中心に、農民も加わり、掠奪行為を働く者たちのことだ。国衙の軍事力でも対抗できないほど大きな力を持ち、物資を横取りし、流通を遮断《しやだん》した。

群党はやがて富豪を生み出し、「僦馬《しゆうば》の党」と呼ばれるようになる。

僦馬の党は、もともと、東国の国衙に集められた税などを都に運搬する「カタギ」の人びとだった。群党から身を守るために武装していたのだが、彼ら自身が山賊のような悪事を働くようになった。他人の馬を東海道で奪い、勝手に東山道で使役し、また、その逆もやって見せた。平気で人を殺しもした。

問題は、土着の官人だけではなく、都からやってきた王臣子孫（貴族）や前任の国司の子弟らも蝦夷を率《ひき》いていたというから、たちが悪い。

寛平《かんぴよう》七年（八九五）には「東国強盗の首《しゆ》」と呼ばれた物部氏永《うじなが》が中心に立って坂東群党が

蜂起した。関東だけではなく、被害は信濃、甲斐にも及んだ。昌泰《しょうたい》二年（八九九）にも、上野国で群党が蜂起した。朝廷もこれに対処しようと追討《ついとう》勅符《ちょくふ》を下し、推問追捕使《すいもんついぶし》（事件を調査し、凶賊、海賊などを捕まえる警察や軍のような組織）が派遣された。この結果、翌年五月に物部氏永は捕縛されたが、同じ年に武蔵国で群党が暴れ出した。もうこうなると、モグラ叩きのような状態だ。

延喜《えんぎ》元年（九〇一）二月になると、科野国でも群盗が蜂起してしまった。朝廷は鎮圧につとめ、穏やかになりかけたが、その後、駿河・越後・飛騨・下総などの地にも飛び火していった。

『日本三代実録《にほんさんだいじつろく》』に、武蔵国では「凶猾《きょうかつ》」が徒党を組み、「群盗」が山に満ちていたと記録されている。

なぜ朝廷に柔順だった関東が、この時期に至り、手に負えない存在になっていったのか、その理由は、明確にいえると思う。これまで述べてきたように、藤原政権は旧政権とつながっていた関東の力を削ぐために、「東北蝦夷征討」を始めた。その結果、関東は疲弊し、藤原政権に対する怨みは深まった。だからこそ、関東は無政府状態に陥ったのである。

ならばこの混乱を、どうやって朝廷は鎮《しず》めていったのだろう。ここに、平氏と源氏の出番があった。

武士の誕生と復讐《ふくしゅう》する関東

関東の「武士」の誕生は、このあたりから始まる。

王家の末裔の平氏や源氏が、混乱する中に投げ込まれたのだ。そしてここで、化学反応が起きる。あれだけ騒がしかった関東が、ピタッと静かになるからだ。

寛平元年（八八九）、葛原《かずらわら》親王（桓武《かんむ》天皇の子）の子・高望《たかもち》王が平《たいら》姓を賜り（平高望）、上総介に任ぜられたのだ。いわゆる「桓武平氏」の誕生である。普通は「遥任《ようにん》」といって自分は現地には赴かないものだが、平高望は上総国にやってきた。

ちなみに、関東の独立を目論み、「新皇《しんのう》」を自称した平将門《たいらのまさかど》は、高望王の孫に当たる。

また、のちに鎌倉幕府の御家人になる千葉、上総、三浦、中村、秩父、大庭《おおば》、梶原《かじわら》は、高望王流平氏だ。

関東の武士といえば、源氏をすぐに思い浮かべるが、十世紀に至るまで、関東では平氏が優勢だった。

源氏や平氏とは、いったい何者だろう。天皇の子や孫が臣籍降下《しんせきこうか》して、源氏と平氏になり、都に残り、官僚になる者、あるいは、各地に散らばり、武士になる者が現われた。原則として、天皇の子の一世王に「源姓」を、二世王（孫世代）に「平姓」が下賜された。

それにしても、なぜ皇族たちが次々と臣籍降下していったのだろう。それは、皇族を養うだけの財力が朝廷になかったことも大きな理由だが、それ以上に、藤原氏の思惑《おもわく》がからんでいたと思う。

平安時代の藤原氏や摂関家は、天皇の外戚の地位を手に入れることによって、権力者の地位を盤石《ばんじやく》なものにしていた。藤原の女性を天皇に嫁がせ、産まれ落ちた子を即位させたのだ。しかし、もし天皇が皇族の女性を娶って子供が生まれれば、厄介《やっかい》なことになる。だから藤原氏は、皇族を臣籍降下させ、都から遠ざけたのだろう。

やがて、武士となった源氏と平氏を、都の藤原氏はこき使い、蔑視するようになっていく。

では、なぜ関東で暴れ回っていた者たちが、源氏や平氏が赴任したら、おとなしくなったのか。

なぜ関東で強力な武士団が育っていったのか。

なぜ平安貴族社会が、東国の武士団の「武力」によって衰退させられたのか。

ここに、それらの意味もわかってくる。

鍵を握っていたのは、やはり藤原氏だ。藤原氏は、天皇家をも私物化し、支配した。その結果、邪魔になった皇族を「普通の人」にして、荒くれどもが待ち構える東国に送り込んだのだ。源氏と平氏は、藤原氏に恨みを抱きつつも、関東で生き抜く道を探っただろう。

関東の民たちの側も、「東北蝦夷征討」を無理強《じ》いし、かつてのヤマトの盟友だった旧豪族を潰してしまった藤原氏を憎んでいたはずだ。だからこそ、蝦夷征討が終わると、関東の民は暴れ出し、無法地帯になっていった。

関東の民と源氏と平氏には、藤原という共通の敵がいたのだ。藤原氏に対する復讐の気持ちを共有しながら、彼らは、生き残りの方策を練ったのだろう。

最初は都の藤原氏のご機嫌をとり、藤原氏のために働くフリをしながら、徐々に力をつけ、貴族社会の腐敗とともに、一気に武士の世がやってきたのだろう。

鎌倉時代が日本のルネッサンス（人間復興）と呼ばれるのは、「藤原氏だけが栄える世の中」を関東の民と武士が覆したことによる。藤原氏出身者だけがおいしい思いをする呪われた平安京を関東の武士が蹂躙《じゅうりん》することで、長い間苦しめられてきた列島人の憤懣《ふんまん》は、ぶちまけられたのである。

関東の古代史がわかってくれば、中世日本の出発点の景色も、はっきりと見えてくるのである。

おわりに

関東平野の歴史は、想像以上に古い。

旧石器時代、なぜか日本列島でもっとも人口が集中していたのは、関東平野だった。群馬県の岩宿《いわじゅく》遺跡で日本初の旧石器が見つかったのは、偶然ではなかったのだ。そして、東と西からやってきた人びとが、旧利根川を挟んで、異なる文化圏を形成していたこともわかっている。

人間というのは不思議なもので、「川を渡るのは億劫《おっくう》」だが、「川を下り、さかのぼる」ことは、得意だった。だから、旧利根川をさかのぼって碓氷峠を越え、信濃川をつなぐラインが、東西日本の境界線になっていた。これを「旧石器古道」と呼んでいる。

海にも進出し、伊豆半島の六〇キロ沖に浮かぶ神津島《こうづしま》から黒曜石《こくようせき》を船で運んでいたというから、驚きだ。

縄文（新石器）時代になると、文化圏の境界線は関ヶ原付近に移動するが、それ以前は、旧利根川が、エアカーテンになっていたわけだ。

じつは、旧利根川周辺で「日本的な文化の原型」が芽生えていたと考えられている。そして彼ら旧石器人が縄文人となって、文化を継承していく。「日本らしさ」が形成される最初の一歩が関東平野だったことを、関東人は誇りにしてよいと思う。

だから関東には、貴重な旧石器遺跡、縄文遺跡が、すぐ身近に存在するのだ。たとえば、東京都の練馬区や小平《こだいら》市や小金井《こがねい》市の周辺は、旧石器遺跡の知られざる密集地帯なので、散策を兼ねて、訪ねてみるのも一興だ。

なお、今回の執筆にあたり、祥伝社新書編集部の堀裕城氏、歴史作家の梅澤恵美子氏に御尽力いただきました。改めてお礼申し上げます。

合掌

関 裕二　せき・ゆうじ

1959年、千葉県生まれ。歴史作家。日本古代史を中心にユニークな視点から執筆活動を続けている。著書は、『神社が語る　古代12氏族の正体』『寺社が語る秦氏の正体』『信濃が語る　古代氏族と天皇』『源氏と平家の誕生』（以上、祥伝社新書）、『古代史で読みとく　桃太郎の謎』『古代史で読みとく　かぐや姫の謎』（ともに祥伝社黄金文庫）、『神武天皇 vs. 卑弥呼――ヤマト建国を推理する』（新潮新書）など多数。

神社《じんじゃ》が語《かた》る　関東《かんとう》の古代氏族《こだいしぞく》

関《せき》 裕二《ゆうじ》

2019年３月10日　初版第１刷発行

発行者……………辻 浩明
発行所……………祥伝社しょうでんしゃ
〒101-8701　東京都千代田区神田神保町3-3
電話　03(3265)2081(販売部)
電話　03(3265)2310(編集部)
電話　03(3265)3622(業務部)
ホームページ　http://www.shodensha.co.jp/

装丁者……………盛川和洋
印刷所……………萩原印刷
製本所……………ナショナル製本

Printed in Japan　ISBN978-4-396-11566-1　C0221

〈祥伝社新書〉
関裕二の古代史シリーズ

278
源氏と平家の誕生
源平が天皇の子孫から生まれ、藤原氏の栄華を覆すまでの壮大な歴史
関 裕二

370
神社が語る 古代12氏族の正体
神社がわかれば、古代史の謎が解ける！
関 裕二

415
信濃が語る 古代氏族と天皇
日本の古代史の真相を解く鍵が信濃にあった。善光寺と諏訪大社の謎
関 裕二

469
天皇諡号《しごう》が語る 古代史の真相
応神の「神」、天武の「武」、そして「トヨ」が意味するものとは？
関 裕二 監修

553
寺社が語る 秦氏の正体
『日本書紀』がいちばん隠したかった〝事件〟の真相
関 裕二